Claudia Barwich

Den Schwarzwald ohne Geld erleben

Claudia Barwich

Den Schwarzwald ohne Geld erleben

101 großartige Dinge, die Du im Schwarzwald kostenlos unternehmen kannst

CIRCUS MAXIMUS

Bibliografische Information der Deutschen Nationalbibliothek
Die Deutsche Nationalbibliothek verzeichnet diese Publikation in der Deutschen Nationalbibliografie. Detaillierte bibliografische Daten sind im Internet über http://dnb.d-nb.de abrufbar.

Für Fragen und Anregungen:
info@riva-verlag.de

1. Auflage 2019

Nymphenburger Straße 86
D-80636 München
Tel.: 089 651285-0
Fax: 089 652096

Umschlaggestaltung: Pamela Machleidt
Umschlagabbildung: shutterstock
Redaktion, Vorwort, Bildredaktion: Daniel Wiechmann
Layout: Pamela Machleidt
Satz: inpunkt[w]o, Haiger (www.inpunktwo.de)
Druck: Florjancic Tisk d.o.o., Slowenien
Printed in the EU

ISBN Print 978-3-7423-0607-4
ISBN E-Book (PDF) 978-3-7453-0396-4
ISBN E-Book (EPUB, Mobi) 978-3-7453-0397-1

Inhalt

Freizeit

Land & Leute

Familie

Besondere Orte

Abenteuer

Sport

Kultur

Der Schwarzwald

im Steckbrief

Einwohnerzahl: 898.000 Einwohner je km²: 145

Typisch Schwarzwald?

Wichtige Assoziationen und Vorurteile:

Schwarzwälder Kirschtorte, Wald, Mountainbiker, Freiburg, Sonne, Schwarzwälder Schinken, Schwarzwaldklinik, Pforzheim, Ausblicke, Dreisam, Gleitschirmfliegen, Dampflok, Idylle, Bollenhüte, Volkslieder, frische Luft, Baden-Baden, Ordnung, Kuckucksuhr, Feldberg, Titisee-Neustadt, Tannenduft, Skispringen, Fasnet, Fachwerkhäuser, Wein, Schnee, deutsch

Der Schwarzwald als Playlist:

1. »Holz« – 257ers (Die Ode an die DNA der Region)
2. »Ja, wir san mit dem Radl do« – Wachauer Buam (Bestes Fortbewegungsmittel wo gibt)
3. »Schwarzwald Huzzlahzz« – Countree Boyz (Die Zukunft des Schwarzwaldes)

Den Schwarzwald ohne Geld erleben

Wer in den Schwarzwald kommt, ist die meiste Zeit damit beschäftigt, sich zu zwicken, um herauszufinden, ob das, was er da sieht, riecht und fühlt, auch alles echt ist. Wälder, Wiesen und Berge wirken wie hingemalt, die Dörfer und Städtchen zeigen sich postkartengleich herausgeputzt und irgendwo fließt im Hintergrund garantiert auch noch ein munteres Bächlein und sorgt für eine beruhigende Klangkulisse. Kein Wunder, dass der Schwarzwald vor allem eine Gegend ist, in der man sich komplett verlieren und den Alltag hinter sich lassen kann; zum Beispiel auf Wanderungen, auf Ausflügen mit dem Rad oder beim Entspannen an einem der vielen Seen. Obwohl der Schwarzwald natürlich viele touristische Angebote bereithält, gibt es auch hier zahlreiche Erlebnisse, die kein Geld kosten. Sie führen einen zum Beispiel an die faszinierende Schwarzenbach-Talsperre. Oder auf den Belchen, um bis zum Mont Blanc zu schauen. Es gibt Baumwunder zu bestaunen und traditionelle

Feste – nicht nur in der Karnevalszeit – zu feiern. Wer mag, kann einige sportliche Herausforderungen meistern oder sich auf riesigen Stühlen wie ein Zwerg vorkommen ... In 101 abwechslungsreichen Erlebnissen führt dieser Guide daher an besondere Orte im Schwarzwald, erzählt von Land und Leuten, schlägt lohnende Ausflugsziele vor, lädt zu Fotosafaris und zum Entdecken von Flora und Fauna ein, ohne dass man dafür tief in die Tasche greifen muss.

Über die Autorin: Claudia Barwich wurde in Stuttgart geboren und wuchs in Sindelfingen auf. Später lebte sie lange Jahre im Nordschwarzwald. Bis heute ist sie der Region emotional verbunden und schätzt besonders die landschaftliche Vielfalt. Sie liebt die intakte Natur und die vielen lauschigen Plätzchen, zum Beispiel wenn im Irgendwo ein kleiner Bach von Farnen und Moos eingerahmt wird. In diesem Guide verrät sie ihre liebsten Ausflüge, führt den Leser zu spektakulären Aussichtspunkten und hat vor allem auch für Familien zahlreiche Tipps, wo im Schwarzwald mit Kindern keine Langeweile aufkommt.

FREIZEIT

1. Folge dem Weg der Ravenna.

Breitnau. In allen Regionen des Schwarzwalds gibt es eine Vielzahl von Schluchten und Täler zu erkunden. Besonders attraktiv sind diese Sehenswürdigkeiten in Verbindung mit Wasserfällen und Bächen. Unbedingt sehen sollte man die Ravennaschlucht. Hierbei handelt es sich um ein im Höllental gelegenes Seitental. Der Weg ist steil und schmal. Festes Schuhwerk ist für den Wanderer dringend erforderlich. Immer begleitet wird man auf dem Weg vom Rauschen der Ravenna. Eindrucksvoll bahnt sie sich einen wilden und natürlichen Weg durch die Schlucht. Das Wasser stürzt beim Ravenna-Wasserfall 16 Meter in die Tiefe, beim kleinen Ravennafall sind es »nur« 6 Meter. Vorsicht ist bei nasser Witterung geboten, denn auf den Wegen und Stufen aus Holz besteht Rutschgefahr. An heißen Tagen sorgen das kühle Nass und der Schatten der mächtigen Tannen für ein angenehmes Klima bei der Wanderung. Im unteren Gebiet der Ravennaschlucht gibt es mit der 37 Meter hohen Ravennabrücke noch ein beeindruckendes Fotomotiv.

Standort: Ravennaschlucht, Höllsteig 76, 79874 Breitnau • **Öffnungszeiten:** 24 Stunden tgl.

LAND & LEUTE

2. Entdecke die Kunst des Glasblasens.

Breitnau. Im 18. Jahrhundert begann im Höllental die Kunst der Glasbläserei einen besonderen Stellenwert

Beeindrucken-
des Motiv:
die Ravenna-
brücke

Faszinierend:
die Kunst des
Glasblasens

einzunehmen. In der GlasManufaktur Hofgut Sternen wird das alte Kunsthandwerk Tag für Tag mit Liebe und Begeisterung gelebt. Ein offenes Atelier bietet Besuchern Einblick in die Arbeiten des Glasmachers Pautz und des Glasbläsers Greiner-Adam. Hier entstehen ihre eigenen Schmuck-Kollektionen und weitere Designobjekte. Die Eigenmarke nennt sich STERNEN GLAS. Die Auswahl des Schmucks ist faszinierend und nicht alltäglich. Die anderen gläsernen Artikel zeigen deutlich, mit welchem handwerklichen Geschick in der Glasbläserei gearbeitet wird. Es ist faszinierend zu sehen, wie diese beiden Männer es verstehen, aus flüssigem Glas Schmuck und Glasobjekte anzufertigen.

Standort: Hofgut Sternen, Höllsteig 76, 79874 Breitnau • **Öffnungszeiten:** tgl. 9 bis 17:30 Uhr

LAND & LEUTE

3. Sei beim Maibaumaufstellen in Kirchzarten dabei.

Kirchzarten. Immer am ersten Maiwochenende ist es soweit: In Kirchzarten wird traditionell der Maibaum aufgestellt. Ein Spektakel, dass sich die Bürger des Ortes nicht entgehen lassen. Gegen 10:30 Uhr beginnt ein bunter Umzug durch den Ort, Musiker und Vereine präsentieren sich und zeigen ihre Verbundenheit mit der Heimat. Besucher sind herzlich willkommen und gelangen bei der Feierlichkeit schnell ins Gespräch mit den Bürgern. Direkt beim Narrenbrunnen stellen dann Handwerker aus Kirchzarten unter großem Hallo den geschmückten Maibaum auf. Dieser bleibt bis Ende Oktober stehen. Die Idee, die uralte Handwerkstradition wieder zu beleben, entstand vor einigen Jahren am Stammtisch der Handwerker aus Kirchzarten. In der Zwischenzeit ist das Maibaumfest nicht mehr aus dem Leben der Kirchzartener wegzudenken.

Standort: 79199 Kirchzarten • **Weitere Informationen und Termine:** www.dreisamtal.de

4. Entdecke den Freizeitplatz Burger Säge.

FAMILIE

Dachsberg-Vogelbach. Bei einem Urlaub im Schwarzwald gibt es viel zu entdecken, doch manchmal möchte man auch einfach einmal einen Tag vollkommen entspannt zu verbringen. Das geht im Schwarzwald zum Beispiel auf dem Freizeitplatz Burger Säge. Er liegt idyllisch mitten im Wald des Ibachtals und punktet

Mitten im Wald: der Freizeitplatz Burger Säge

mit einer Feuerstelle, einem Naturbadeplatz und einem Wanderparkplatz. Planschen und abkühlen kann man sich in einem Bach mit flachem Wasserstand. Auf der Wiese ist eine Menge Platz zum Toben, Federball spielen und vielen anderen Outdoor-Spielen. Für Kinder bedeutet der Freizeitplatz Freiheit und die Möglichkeit sich richtig austoben zu dürfen. An der vorhandenen Feuerstelle ist Grillen erlaubt, Holz muss jedoch mitgebracht werden. Interessantes über die umliegende Natur gibt es auf den aufgestellten Informationstafeln zu lesen. Der Freizeitplatz kann problemlos mit dem Auto angefahren werden. Nicht erlaubt ist wildes Campen. Zelte und Wohnmobile haben hier kein Stellrecht, es handelt sich um einen reinen Tagesplatz. Eine alleinige Nutzung wird nicht garantiert, da Reservierungen nicht möglich sind. Im Winter ist der Platz je nach Schneelage zu erreichen.

Standort: Freizeitplatz Burger Säge, 79875 Dachsberg-Vogelbach • **Öffnungszeiten:** 24 Stunden tgl. • **Weitere Informationen:** www.ferien-suedschwarzwald.de

BESONDERE ORTE

5. Wandere an der Schwarzenbach-Talsperre.

Forbach. In einer Höhe von 668 Metern befindet sich zwischen dem Murgtal und der Schwarzwaldhochstraße die Schwarzenbach-Talsperre. Die Talsperre hat eine Länge von 2,5 Kilometer und ist der größte Wassersportsee im Nordschwarzwald. Die Staumauer ist eindrucksvolle 65 Meter hoch und 400 Meter lang. Im Stausee können mehr als 14 Millionen Kubikmeter

Wasser gespeichert werden. Der Bau der Talsperre begann 1922 und dauerte bis 1926. An der Staumauer beginnt ein schöner Rundweg entlang des nördlichen Ufers. Er hat eine Länge von 6,5 Kilometer und bietet zahlreiche Gelegenheiten zur Rast. Am Weg entlang bieten sich zahlreiche Ausblicke, unter anderem auf die Schwarzwaldberge.

Standort: Werkstr. 5, 76596 Forbach • **Öffnungszeiten:** 24 Stunden tgl. • **Wie kommt man hin?** Mit dem Auto. Parkplätze befinden sich in der Gemeinde Forbach direkt an der Staumauer.

Monumental: die Schwarzenbach-Talsperre

BESONDERE ORTE

6. Lerne die Sonnenuhren von Bernau kennen und lesen.

Bernau im Schwarzwald. Bernau im Schwarzwald ist ein bekanntes Wintersportgebiet. Die Ortschaft liegt südöstlich des Feldberggebiets auf 900 Metern Höhe. Dabei ist Bernau nicht nur im Winter reizvoll, sondern bietet sich das ganze Jahr über für Unternehmungen an. Eine Empfehlung hat sich zum Beispiel der Bernauer Hochtal Steig verdient, welcher auch als Schwarzwälder Genießerpfad und Premiumweg ausgezeichnet wurde. Er ermöglicht grandiose Ausblicke bis auf die 140 Kilometer entfernten Alpen zu. Die umgebende Berge Herzogenhorn (1415 Meter Höhe), der Bößling (1309 Meter Höhe) oder das große Spießhorn (1349 Meter Höhe) sind alle zu Fuß zu erwandern. Insgesamt hat der Premiumweg hat eine Länge von 15,6 Kilometer. Dabei ist ein Anstieg von 680 Metern zu meistern. Wer nicht so gerne wandert, kann sich dagegen im Kurpark von Bernau mit zahlreichen Sonnenuhren vertraut machen. Mit der Findlings-Sonnenuhr kann zum Beispiel der Sonnenhöchststand unterschiedlicher Städte der Welt angezeigt werden. Die Mittags-Sonnenuhr zeigt den wahren Mittag in Bernau an. Und bei der Boden-Sonnenuhr ist der Benutzer selbst der Zeiger. An einem steinernen Globus ist der Sonnenstand der Erde zu beobachten. Zudem gibt es noch eine Loch-Sonnenuhr und eine Gelände-Sonnenuhr mit Granitblöcken.

Standort: Am Kurpark 5, 79872 Bernau im Schwarzwald • **Öffnungszeiten:** 24 Stunden tgl.

7. Werde dir auf dem Lotharpfad der Macht der Stürme bewusst.

Baiersbronn. Naturgewalten sind mächtig und zerstörerisch. Ein Beispiel dafür ist der Sturm Lothar. Im Jahre 1999 zog er am Zweiten Weihnachtsfeiertag mit aller Kraft und 200 Stundenkilometer auch über den Schwarzwald. Dabei knickten Bäume wie Streichhölzer um und ganze Waldabschnitte wurden vollkommen zerstört. Die Folgen der Verwüstung von Lothar sind noch bis heute zu sehen, da man einen Teil der zerstörten Waldregion ganz bewusst sich selbst überlassen hat, um der Natur ihren Selbstheilungsprozess zu ermöglichen. Vom Fortschritt der Regeneration können sich Besucher im Schwarzwald selbst überzeugen, denn dic-

Ein entwurzelter Baum auf dem Lotharpfad

ses Projekt schließt Besucher und Interessierte nicht aus. Auf dem 2003 eröffneten Lotharpfad, der von Treppen, Leitern, Holzbohlen und kleinen Brücken geprägt ist, wird die Sturmgewalt sehr deutlich. Der Erlebnis- und Lehrpfad ist ca. 1 Kilometer lang. Einen sehr interessanten Ausblick auf den Nordschwarzwald bekommen die Besucher zudem von einer Aussichtsplattform entlang des Pfades.

Standort: Schwarzwaldhochstraße B 500, 72270 Baiersbronn • **Öffnungszeiten:** 24 Stunden tgl. • **Wie kommt man hin?** Der Pfad befindet sich im Bereich Schliffkopf (Kreis Freudenstadt), an der B500 Schwarzwaldhochstraße. Freiwillige Spenden werden gerne angenommen. Am Ende des Rundgangs ist eine dafür vorgesehene Kasse vorhanden. Der Parkplatz ist direkt am Zugang zum Lotharpfad.

FREIZEIT

8. Schwimme im Glaswaldsee.

Bad Rippoldsau-Schapbach. Im Mittleren Schwarzwald – nahe bei Bad Rippoldsau-Schapbach – befindet sich im steilen Osthang der Lettstädter Höhe der Glaswaldsee. Der elf Meter tiefe See wurde in der letzten Eiszeit durch Gletscher ausgehobelt. Noch vor einigen Jahrhunderten war der Glaswaldsee als Wildsee oder Wilder See bekannt. Als im 17. Jahrhundert eine Glashütte in der Nähe des Sees errichtet wurde, änderte sich der Name des Sees in Glaswaldsee. Der Bergsee in ca. 1.000 Metern Höhe verzaubert durch seine Unberührtheit. So abgelegen, düster und melancholisch der See wirkt, wäre es verwunderlich, wenn sich nicht auch eine Legende um ihn ranken würde. Und so ist es auch: Angeblich hausten kleine Seemännlein hier vor langer Zeit. Sie hatten die Gestalt kleiner Kinder und konnten sich unsichtbar machen. Eines dieser Seemännlein freundete sich mit den Leuten des naheliegenden Seebenhofs an. Früh morgens schaffte es für die Bauersleute und kehrte abends in den See zurück. Dafür bekam das Seemännlein zu essen, welches er stets allein zu sich nahm. Im Winter wollte der Bauer die zerrissene Kleidung des Seemännleins ersetzen. Daraufhin sagte das Seemännlein: »Wenn man ausbezahlt wird, muss man gehen. Ich komme von morgen an nicht mehr zu Euch«, und das Seemännlein kam auch nicht mehr.

Standort: 77776 Bad Rippoldsau-Schapbach • **Öffnungszeiten:** 24 Stunden tgl.

9. Mach ein Selfie mit dem Balzer Herrgott.

BESONDERE ORTE

Wildgutach. Wer Rätsel, Sagen und Geschichten mag, darf sich den Balzer Herrgott nicht entgehen lassen. Dieses Baumwunder befindet sich im mittleren Schwarzwald, zwischen Wildgutach und Neukirch-Fallengrund (Baden-Württemberg). Es handelt sich bei dem Balzer Herrgott um eine Christusfigur, eingewachsen in eine Weidbuche. Da es keine Zeitzeugen mehr gibt, ranken sich viele widersprüchliche Geschichten um das Baumwunder. Vermutlich stammte die steinerne Christus Figur aus spätgotischer Zeit. Sie wurde aus gelblich-ockerfarbenem Sandstein geschaffen und

befindet sich in einer Höhe von ca. zwei Metern. Mindestens vier verschiedene Geschichten sollen Auskunft über die Herkunft der Christusfigur geben – willkommen in der Welt der Sagen und Geschichten. Dank der vielen Widersprüche wird die Wahrheit wohl nie geklärt werden und es bleibt viel Raum für die eigene Fantasie. Das Alter der Weidbuche, in der die Steinfigur steckt, wird auf 200 bis 300 Jahre geschätzt. Ohne das Eingreifen von Menschen wäre die Christusfigur schon längst überwuchert. Bereits 1986 ragten nur noch der geneigte Kopf und ein kleines Stück der Brust aus dem Baumstamm heraus. Aus diesem Grund legte 1986 der Schnitzer Josef Rombach Kopf und Brust wieder frei. Später, im Jahre 1995, wurde die Christusfigur erneut von zwei Spezialisten freigelegt.

Standort: Wildgutach 79263 Simonswald • **Öffnungszeiten:** 24 Stunden tgl. • **Wie kommt man hin?** Von Neueck oder Gütenbach kommend in Richtung Fallengrund fahren. Hinter dem Oberfallengrundhof auf dem Waldparkplatz parken. Zu Fuß geht es vom Parkplatz 200 Meter in Richtung Langengrund und dann nach rechts auf einen 1,5 Kilometer langen Pfad durch den Wald.

10. Erkunde das Mühlendorf Ottenhöfen.

BESONDERE ORTE

Ottenhöfen. Dieser anerkannte Luftkurort und liegt im oberen Achertal in den Höhen des Schwarzwaldes. Neben der urwüchsigen Natur und zahlreichen Wanderwegen (über 150 Kilometer) findet der Erholungssuchende hier Ruhe pur. Ottenhöfen hat aber noch mehr zu bieten. Es gibt zum Beispiel zahlreiche guterhaltene und restaurierte Mühlen, weshalb der Ort auch den Beinamen »Mühlendorf« trägt. Es gibt einen Mühlenweg, über den sechs der prächtigen Mühlen zu Fuß erreichbar sind. Wanderer lieben den Mühlenweg auch deshalb, da er in einige schöne Seitentäler führt und reizvolle Ausblicke bietet. Auf dem 12 Kilometer langen Mühlenweg wird ein Höhenunterschied von 215 Metern bewältigt. Es gibt eine gute Beschilderung und auch längere Wanderwege, welche zum Beispiel an neun der Mühlen vorbeiführen. Der kleine Mühlenweg beginnt am Bahnhof-Kurgarten und begleitet die Acher ein Stück des Weges. Da der Mühlenweg sehr beliebt und interessant ist, wird er häufig auch für Betriebsausflüge, Klassentreffen oder Junggesellenabschiede genutzt. Zu erkunden gibt es die Bühler Mühle. Sie arbeitet mit gespeichertem Wasser aus einem Weiher. Ebenso nutzt die ca. 180 Jahre alte Rainbauernmühle (Furschenbach) das Wasser der Acher. Die Benz-Mühle am Bach (Furschenbach) nutzt ebenfalls das gespeicherte Wasser eines Weihers. Hier leitet ein hochangelegter Kähner das Wasser auf die Schapfen des Mühlrades. Bei der sogenannten Hammerschmiede handelt es sich um eine Schleifmühle aus dem 19. Jahrhundert. Etwas abseits des Mühlenweges liegt die Benzmühle im Unterwasser. Die Mühle des Köningerhofs wurde bis 1926 mit einem Wasserrad angetrieben. Zur Kraftübertragung wurde ein langes Seil verwendet. Weitere Mühle sind die Schulze-Bure-Mühl (Rösch Mühle) und die Mühle am Hagenstein.

Standort: 77883 Ottenhöfen im Schwarzwald • **Wie kommt man hin?** Anfahrt über die A5 und die Ausfahrt Achern nehmen, dann Richtung Schwarzwaldhochstraße durch das Achertal fahren.

11. Berühre den Teufelsstein.

FREIZEIT

St. Ulrich. Wer gerne in der Natur wandert und uralten Sagen auf die Spur kommen möchte, sollte unbedingt den Teufelsstein besuchen. Er befindet sich im oberen Möhlintal. Beim Teufelsfelsen handelt es sich um eine Brunnenschale aus dem 12. Jahrhundert. Sie wiegt ca. 8 Tonnen und hat einen Durchmesser von 2,60 Meter. Ihren Namen verdankt die Brunnenschale einer Legende. Demzufolge wünschte sich der heilige Ulrich für sein Kloster im Möhlingrunde für seinen Brunnen einen steinernen Trog. Am Kloster gab es jedoch keinen geeigneten Stein und das Tal war zu eng, als dass ein Stein hätte zum Kloster transportiert werden können. So ging er einen Pakt mit dem als Jäger verkleideten Teufel ein. Dieser wollte einen Stein besorgen, dafür jedoch die Seele des heiligen Ulrich. Ulrich ließ sich auf den Pakt ein, allerdings nur, wenn der Teufel eine Lieferfrist einhalten können. Es kam, wie es kommen musste: Der Teufel verspätete sich und warf den Stein wütend in das Tal, wo er angeblich von Mönchen bearbeitet wurde. Die Wissenschaft sieht es etwas anders und hält den Teufelsstein für ein Überbleibsel des Silberbergbaus. Vom teufelsstein führt übrigens ein Wanderweg zum 3,5 Kilometer entfernten Priorsfelsen. Dort eröffnet sich dem Besucher eine fantastische Aussicht auf den Schwarzwald.

Standort: St. Ulrich, 79283 Bollschweil • **Öffnungszeiten:** 24 Stunden tgl.

ABENTEUER

12. Trainiere deine Geschicklichkeit auf dem Abenteuerpfad Hausach.

Hausach. Der 2,4 Kilometer lange Abenteuerpfad begeistert Eltern, Kinder und Abenteurer. Er umfasst 20 Spielstationen, die aus Naturmaterialien erstellt wurden. Am Wegrand befinden sich mehrere Balancierstationen, die das Geschick der Besucher herausfordern. Ein kleiner Bach begleitet den Weg und kann mit Hilfe von Seilen überquert werden. Der Bach führt nicht viel Wasser, sodass auch Kinder keine Angst zu haben brauchen. Für eine zwischenzeitliche Pause lädt eine auf dem Abenteuerpfad integrierte Grillhütte ein. Von dort ist es nicht weit bis zur Kreuzbergkapelle, welche den kurzen Abstecher mit einem grandiosen Ausblick über das Kinzigtal belohnt. Direkt zu Beginn des Pfades gibt es ein Insektenhaus im Wappen der Stadt Hausach. Im weiteren Verlauf des Pfades kann man die eigene Geschicklichkeit beim Besteigen von Holzpalisaden unter Beweis stellen. Für die Kinder ist außerdem ein Platz zum Spielen und Bauen mit unterschiedlichen Steinen angelegt. Wer all diese Hürden souverän meistert, wird auch nicht davor zurückschrecken, an der Schlaufenstation von Schlaufe zu Schlaufe zwischen den Bäumen zu laufen. Für Abwechslung sorgen weitere Stationen mit Holzschlange, Zapfenschleuder, Kletterseil, Holzklotzbrücke und noch viele mehr.

Standort: 77756 Hausach • **Öffnungszeiten:** 24 Stunden tgl. • **Wie kommt man hin?** Der Abenteuerpfad beginnt an der Wassertretanlage, wo auch das Auto geparkt werden kann.

13. Sammle Heidelbeeren rund um Enzklösterle.

FREIZEIT

Enzklösterle. Zwischen Bad Wildbad und Freudenstadt liegt das beschauliche Enzklösterle, eingerahmt von Tannenwäldern, Wiesen und ganz nah an Deutschlands größtem Hochmoor-Naturschutzgebiet. Dieser Ort ist für Ruhesuchende ideal, denn hier geht es beschaulich

Blaues Gold in den Wäldern von Enzklösterle

zu, ohne dass einem langweilig wird. Für Abwechslung sorgen Freizeiteinrichtungen, Wander- und Radwege. Mountainbiker können aus vielen Touren mit verschiedenen Schwierigkeitsgraden auswählen. Auf Wanderungen lassen sich zahlreiche gefährdete Tierarten beobachten: zum Beispiel Auerhahn, Sperlingskauz und Kreuzotter. Im Sommer wartet jedoch noch ein weiteres Highlight auf die Besucher. Dann nämlich kann man in den Wäldern rund um Enzklösterle das blaue Gold sprießen sehen: Heidelbeeren allüberall. Am einfachsten folgt man dem 12 Kilometer langen Heidelbeerweg, um die Beerenfelder im Wald zu entdecken und nach Herzenslust zu naschen.

Standort: 75337 Enzklösterle

ABENTEUER

14. Übernachte im Brudersloch.

Kandern. Südlich von Kandern befindet sich das sagenumwobene Brudersloch, eine Kleinsthöhle. Hier soll ein Klosterbruder aus Venedig versucht haben aus wertlosen Metallen Gold zu schaffen. Wann sich der Einsiedler in der Höhle lebte, ist unklar. Sicher ist, dass das Brudersloch in einer Bannbeschreibung 1688 erstmals erwähnt wurde. Die Sage um das Bruderloch weiß jedoch noch mehr zu berichten. Angeblich gibt es einen unterirdischen Gang, welcher die Höhle über mehrere Kilometer Entfernung mit der Hammersteiner Mühle verbindet. Ein solcher Tunnel wurde jedoch nie gefunden. Südlich von Kandern führt ein Wanderweg entlang der westlichen Talseite zum Brudersloch. Dabei passiert man auch die Wolfsschlucht. Dort zeigen sich im Kalkgestein viele kleine Höhlen. Unterhalb der sogenannten Teufelskanzel – ein markanter Felsvorsprung – führt dann ein kaum erkennbarer Pfad zum Bruderloch.

Standort: 79400 Kandern • **Öffnungszeiten:** 24 Stunden tgl.

15. Entdecke den Waldsportpfad Rollberg.

FAMILIE

Freiamt. Spaß für die ganze Familie wird im Walderlebnis- und Waldsportpfad Rollberg geboten. Kinder brauchen hier keine Energien zu unterdrücken und können sich richtig müde spielen. Der Pfad ist nicht lang und somit auch für kleinere Kinder zu schaffen. Man läuft zudem auf angenehmen Wald- und Naturpfaden. Entlang des Weges gibt es viel über die einheimischen Sträucher und Bäume zu erfahren. Weiterhin stehen geologische Informationen zur Verfügung und auch über die tierischen Bewohner des Waldes gibt es viel zu erfahren – alles sehr spielerisch und interessant für Kinder gestaltet. Körperlich werden die Besucher auf dem Waldsportpfad vor allem an 25 Stationen gefordert. Hier gilt es etwas für Koordination, Kraft und Ausdauer zu tun. An einer Kraft- und Dehnstation bekommen Muskeln und Sehnen gewaltig Training. Der Großteil des Pfades ist mit Rollstuhl (mit Begleitung) und Kinderwagen begehbar. Eine Grillstelle an der Rollberghütte ermöglicht eine kulinarische Rast, sofern alles in einem Rucksack mitgenommen wurde. Die Hütte ist jedoch auch mit dem PKW zu erreichen, falls ein ausgiebiges Grillen geplant ist. Der Walderlebnispfad ist ein sehr schönes Gemeinschaftsprojekt des Naturparks Südschwarzwald, dem Forstamt Emmendingen und der Gemeinde Freiamt.

Standort: 79348 Freiamt • **Öffnungszeiten:** 24 Stunden tgl. • **Wie kommt man hin?** Im Ortsteil Ottoschwanden in der Ortsmitte den braunen Schildern mit der Bezeichnung »Walderlebnispfad« folgen.

FREIZEIT

16. Steig auf den Aussichtsturm Hünersedel.

Freiamt. Wandern, Wälder, frische Luft und tolle Aussichten – all dies vereint der Rundwanderweg in den Höhen des Brettentales. Der gut ausgeschilderte Wanderweg ist 10,5 Kilometer lang und führt über 400 Höhenmeter. Sein Schwierigkeitsgrad ist leicht und macht den Wanderrundweg für die ganze Familie attraktiv. Drei Stunden sind dafür einzuplanen. Einer der Höhepunkte ist ein ca. 30 Meter hoher Aussichtsturm auf dem Hünersedel. Aus 744 Metern Höhe eröffnet sich dann ein Panoramablick über das nahegelegene Elztal, Kinzigtal, Bleichtal und Schuttertal, dann über die Rheinebene bis Straßburg, zu den Vogesen und Kaiserstuhl, der Feldberg im Süden, im Norden Brandenkopf, Mooskopf und Hornisgrinde. Der Aussichtsturm wurde 2004 eingeweiht. Davor war er ein Vermessungsturm aus alten Zeiten. Die Benutzung ist kostenfrei. Der Wanderweg beginnt am Wanderparkplatz Freiamt-Brettental neben der Kneipp-Anlage in der Bildsteinstraße. Dem Wegweiser zum Silberloch bis zur Gabelung folgen. Von hier

Weitblick: vom Aussichtsturm Hünersedel

ist der Weg zum Hünersedel ausgeschildert. Es gibt zwei Wege dorthin, wir empfehlen den Linken. Nach kurzer Zeit führt der Weg über Serpentinen durch ein kleines Waldstück. Neben Sandsteinfelsen ergeben sich hier schöne Ausblicke über die Landschaft und das Tal. Im Verlauf des weiteren Weges immer der gelben Raute bis nach Hoheck beim Schönwasen folgen. Von hier aus ist es nicht mehr weit bis zum Hünersedel, wo sich oberhalb von Waldshutbachtal der Aussichtsturm befindet. Im Winter finden Schneeschuhwanderer in der Nähe ebenfalls gute Strecken für sich vor.

Standort: 79348 Freiamt • **Öffnungszeiten:** 24 Stunden tgl. • **Wie kommt man hin?** Über die A5 Karlsruhe – Basel, Ausfahrt Riegel abfahren und noch 15 Kilometer bis Brettental, Freiamt fahren. Geparkt werden kann auf dem Wanderparkplatz Freiamt-Brettental, wo sich auch die Feuerwehr und eine Kneipp-Anlage befinden.

FREIZEIT

17. Entdecke die wilden Orchideen im Hinterzartener Moor.

Hinterzarten. Das Hinterzartener Moor besticht durch seine interessante Vegetation. Zu sehen gibt es zum Beispiel Wollgrasblütenstände und wilde Orchideen. Besonders schön: Im Naturschutzgebiet Hinterzartener Moor ist es möglich mit dem Rollstuhl oder dem Kinderwagen dem barrierefreien Weg zu folgen. Wer tiefer in das Moor eintauchen möchte nutzt den Moorquerweg, allerdings braucht ein Rollstuhlfahrer hier jemanden der ihn mit viel Muskelkraft schieben kann. Nach dem Stück auf dem Moorweg führt der Weg dann wieder weiter auf dem vollkommen barrierefreien Rundweg.

Standort: Hugenhofweg 8, 79856 Hinterzarten • **Öffnungszeiten:** 24 Stunden tgl.

Blumenpracht im Hinterzartener Moor

SPORT

18. Umrunde den Schluchsee mit dem Rad.

Schluchsee. Nahe dem Titisee (25 Kilometer) und nicht fern von Freiburg (ca. 55 Kilometer) liegt der Schluchsee. Dieser lädt zu einer Fahrradtour auf dem 68 Kilometer langen Seenradweg ein. Dieser ist eigentlich für E-Bikes konzipiert, aber er ist auch mit Fahrrädern ohne Elektroantrieb gut zu bewältigen und belohnt mit zahlreichen Highlights. Schon am Anfang des Seenradwegs in Seebrugg befindet sich am Südwestufer eine große Staumauer. Errichtet in den Jahren 1929 bis 1932 staut sie den Schluchsee auf eine Wasserfläche von 5,14 Quadratkilometer und macht den Schluchsee damit zum größten See im Schwarzwald auf. Die 63,5 Meter hohe Staumauer kann mit Fahrrädern oder auch Rollstühlen überquert werden und bietet einen faszinierenden Ausblick auf den See. Die Kronenlänge beträgt 250 Meter. Weiter führt der Seenradweg am südlichen Ufer des Sees

vorbei bis nach Bärental, wo sich der höchste Normalspur-Bahnhof Deutschlands befindet. Durch das Bärental, vorbei am Schnapsmuseum, führt der Weg dann zum idyllischen Feldsee, welcher aus der Eiszeit stammt. Weiter geht es zum höchsten Punkt (1196 Höhenmeter) der Strecke: die Passhöhe Rinken. Der weitere Verlauf der Tour führt durch Hinterzarten an dem Hochmoor vorbei bis zum Titisee. Der Rückweg führt am Nordufer des Schluchsee zum Ausgangspunkt nach Seebrugg. Als Fahrzeit sollte man 4 bis 5 Stunden einplanen.

Standort: 79859 Schluchsee • **Öffnungszeiten:** 24 Stunden tgl. • **Wie kommt man hin?** Von Freiburg oder Donaueschingen die B31 in Richtung Neustadt nehmen. Dann die Ausfahrt B317/B500 Richtung Basel/Feldberg/Waldshut-Tiengen/Schluchsee/Lenzkirch benutzen. Dann die B500 bis Schluchsee fahren und dort zum Bahnhof Seebrugg rechts abbiegen. Hier kann auch geparkt werden. Ein weiterer großer Parkplatz befindet sich am Südwestufer bei der Staumauer.

Die Schluchsee-Runde: 55 Kilometer durch die Natur

FREIZEIT

19. Genieße die Aussicht vom Bildstein.

Schluchsee. Die Felskanzel Bildstein befindet sich weit oben über dem Schluchsee. In Jahrtausenden haben Wind und Wetter den Granitfelsen, welcher ein 70 Meter hoher Felsenhang ist, zu seinem heutigen Aussehen verholfen. Der Bildstein hat eine Höhe von 1138 Meter und ragt weit über die umgebenden Wälder hinaus. Von vielen Ruhebänken lässt sich das grandiose Panorama genießen und selbst die Alpen sind bei guter Fernsicht in Augenschein zu nehmen. Um den Bildstein zu erreichen, gibt es einen bequemen Spazierweg von Fischbach aus, welcher fast ebenerdig ist. Viele weitere Wege in der Umgebung ermöglichen es ebenfalls den Bildstein zu erreichen. Diese sind jedoch mittelschwierig bis schwierig. Gute Kondition vorausgesetzt, kann man auch den steilen Weg von Unteraha nutzen. Je nach gewählter Strecke beträgt die Länge ca. 15 Kilometer und nimmt gut 5 Stunden in Anspruch.

Standort: 79859 Schluchsee • **Öffnungszeiten:** 24 Stunden tgl. • **Wie kommt man hin?** Von Freiburg aus über die B31 in Richtung Neustadt fahren, dann die Ausfahrt B317/B500 Richtung Basel/Feldberg/Waldshut-

Lohn nach der Mühe: die Aussicht vom Bildstein

Tiengen/Schluchsee/Lenzkirch abfahren und im Bärental abbiegen in Richtung Schluchsee/Altglashütten. Der Parkplatz befindet sich am Kurhaus.

20. Verbringe einen Familientag auf der Schweizerwiese.

FAMILIE

Bad Herrenalb. Mit Aussicht auf den Falkensteinfelsen bietet die Schweizerwiese in Bad Herrenalb Jung und Alt Spaß, Entspannung und Abwechslung. Auf der großzügigen Grünfläche gibt es Platz für vielerlei Freizeitspaß. Für die jüngeren und sehr aktiven Besucher wurde 2017 ein Spielplatz angelegt. Echte Kletterfelsen, Brücken, Türme und Seile stellen für Kinder spielerische Herausforderungen dar. Im Wasserareal begeistern Wasserräder, Stauwehre und Pumpen die kleinen Forscher. Beschaulich geht es dagegen im Hainbuchen-Labyrinth zu. Ideal ist es, wenn für Kinder Eimer, Schaufel und Sieb mitgenommen werden, sodass sie im Sand Burgen bauen können. Ebenso für den Wasserbereich sind die mitgebrachten Spielsachen kreativ in das Spielen zu integrieren. Kinder haben in dem Park großen Spaß, während Eltern

ihnen entspannt zusehen können. Mountainbiker kommen hier ebenfalls auf ihre Kosten. Von einem Verein wurde anlässlich der Gartenschau ein Pump-Track mit viel Engagement gebaut. Anfänger wie Fortgeschrittene finden gleichermaßen gewünschte Schwierigkeitsgrade auf den Parcours vor.

Standort: 76332 Bad Herrenalb • **Öffnungszeiten:** 24 Stunden tgl.

Entspannung auf der Schweizerwiese

21. Klettere den Falkstein-felsen empor.

Bad Herrenalb. Für Kletterkünstler lohnt die Gegend um Bad Herrenalb sehr, denn an den nahegelegenen Falkensteinfelsen ist ein sehr abwechslungsreicher Klettergarten für sportliche Urlauber vorhanden. Hier ist mit Sicherheit für Adrenalin und Spannung gesorgt. 21 relativ gut gesicherte Routen sind an der unteren Felsgruppe vorhanden. Die obere Felsgruppe mit 25 Routen ist teilweise ausgesetzter. Hier sollte man unbedingt alle Tritte und Griffe auf Funktionalität überprüfen. Doch die Mühe lohnt, denn die obere Felsgruppe bietet eine wundervolle Aussicht. Sie darf allerdings nur vom 1.7. bis 31.12. am Rambowandl und am Falkenturm benutzt werden. Auf den Gipfel darf grundsätzlich nicht geklettert werden. Wichtig ist für alle Kletterer die aktuellen Kletterregelung exakt zu beachten. Ausgewiesene Tabuzonen sind unbedingt zu meiden und ebenso gilt es die Felsköpfe zu schonen. Es muss grundsätzlich darauf geachtet werden, nicht auf Abwege zu geraten. Zudem ist das Magnesiaverbot einzuhalten. Während der Brutzeit der Vögel ist das Klettern strengstens untersagt.

Standort: 76332 Bad Herrenalb • **Weitere Informationen:** www.badherrenalb.de/de/freizeit/klettern • **Wie kommt man hin?** Die Anfahrt mit dem PKW erfolgt von Stuttgart aus über die A8. Die Ausfahrt Karlsbad/ Bad Herrenalb nehmen und dann einfach der Beschilderung folgen. Zur Anreise aus Richtung Frankfurt und Basel die A5 benutzen und die Ausfahrt Ettlingen nehmen.

FAMILIE

22. Wandere auf dem Wildkatzen-Erlebnispfad.

Bad Herrenalb. Auf diesem 6 Kilometer langen Erlebnispfad – bergauf und bergab – begibt man sich auf die Suche nach einem einst in Baden-Württemberg ausgestorbenen Raubtiers: der Wildkatze. Selbst seitdem Wildkatzen unter Artenschutz stehen, sind sie im Schwarzwald sehr selten. Auf dem Pfad werden viele unterschiedliche Waldlebensräume durchquert. Er beginnt an der Bushaltestelle Talwiese im Oberen Gaistal und führt abwärts zum Flüsschen Alb. Tretsteine im Wasser ermöglichen die Überquerung der Alb, ohne dass man nasse Füße bekommt. Besonders für Kinder ist der Weg ein abwechslungsreiches Abenteuer. An zehn interaktiven Stationen erfahren große und kleine Naturforscher viel über die Wildkatze und ihren Lebensraum. Besonders Kinder lieben die Herausforderungen, zum Beispiel wie eine Wildkatze von Holzklotz zu Holzklotz zu hüpfen. Natürlich ist es für jeden ein Highlight, wenn er tatsächlich die scheuen Wildkatzen in den Baumkronen entdecken kann, was sonst in freier Wildbahn kaum möglich ist. Auf dem Walderlebnispfad wird nicht nur sehr gut unterhalten, sondern wichtiges Wissen spielerisch weitergegeben. Die Wanderung auf dem Wildkatzen-Walderlebnispfad nimmt ca. dreieinhalb Stunden Zeit in Anspruch.

Standort: 76332 Bad Herrenalb • **Öffnungszeiten:** 24 Stunden tgl. • **Wie kommt man hin?** Die Anfahrt mit dem PKW erfolgt von Stuttgart aus über die A8. Die Ausfahrt Karlsbad/Bad Herrenalb nehmen und dann einfach der Beschilderung folgen. Zur Anreise aus Richtung Frankfurt und Basel die A5 benutzen und die Ausfahrt Ettlingen nehmen.

BESONDERE ORTE

23. Entdecke die Wunderkiefer von Bad Herrenalb.

Bad Herrenalb. Das schöne Städtchen ist als Heilbad und Heilklimatischer Kurort, umgeben von sieben Tälern, bekannt und beliebt. Die Stadt wurde zu Recht auch als nachhaltiges Reiseziel ausgezeichnet. Die evangelische Klosteranlage mit Klosterkirche ist immer einen Besuch wert, ebenso wie ein Spaziergang entlang des historischen Wegs. Kostenlose Führungen entlang dieses Wegs finden immer mittwochs um 14 Uhr von Ostern bis zum Erntedanksonntag statt. Besonders ist hier die sogenannte Wunderkiefer. Sie ist 200 Jahre alt und wächst ohne Verbindung mit dem Boden auf einer Mauer. Nach dem Besuch entspannt man im Kurpark. Mit seinem historischen Baumbestand, Mammutbäumen, den vielen Blumenbeeten, großen Grünflächen, romantischen Wiesen und einem interaktiven Erlebnispfad bietet er für Jung und Alt viel Abwechslung.

Standort: 76332 Bad Herrenalb • **Öffnungszeiten:** 24 Stunden • **Wie kommt man hin?** Die Anfahrt mit dem PKW erfolgt von Stuttgart aus über die A8. Die Ausfahrt Karlsbad/Bad Herrenalb nehmen und dann einfach der Beschilderung folgen. Zur Anreise aus Richtung Frankfurt und Basel die A5 benutzen und die Ausfahrt Ettlingen nehmen.

Die Wunder-
kiefer in Bad
Herrenalb

24. Blicke vom Belchen bis zum Mont Blanc.

BESONDERE ORTE

Schönenberg. Der Belchen wird als schönster Berg im Schwarzwald bezeichnet. Das liegt vor allem an seiner fast majestätischen Kuppelform bietet und einer im Vergleich zu anderen Gipfeln selten erreichten Rundsicht. Wanderer finden hier ein Netz aus vielen Wegen vor und genießen ein unvergessliches Panorama, wenn sie über die Rheinebene bis zum Elsass oder die Vogesen blicken. Wer es bis zum Gipfel in 1414 Metern Höhe schafft, wird mit einem Blick bis zur Zugspitze oder den französischen Mont Blanc belohnt. Bei diesem Ausblick vergisst man schnell, dass der Belchen nur der vierthöchste Gipfel im Schwarzwald ist. Wer fit ist und auf die Bequemlichkeit der Seilbahn verzichten möchte, kann von der Passhöhe Hau bis hoch zum Belchen laufen. Diese Wanderung überwindet 600 Höhenmeter auf einer Strecke von 6 Kilometer. Hierfür sind 3,5 Stunden einzuplanen. Gestartet wird vom Wanderparkplatz Haupass. Hier gibt es auch eine Informationstafel zu den einzelnen Wanderwegen. Wer sich mit dem Aufstieg nicht ausgelastet fühlt, sollte auf jeden Fall noch den kurzen Gipfelrundweg auf dem Belchen machen. Er belohnt mit bester Aussicht in alle Richtungen. Für den 1,2 Kilometer langen Rundweg werden 30 Minuten benötigt und es gibt nur ca. 55 Meter Höhenunterschied. Allerdings teilt man sich diesen Weg mi zahlreichen Touristen, welche die Seilbahn für den Aufstieg nutzten.

Standort: 79244 Schönenberg • **Öffnungszeiten:** 24 Stunden tgl. • **Wie kommt man hin?** Die Bundesstraße 317 bis Wembach fahren. Dort auf die L131 Richtung

Das Belchen-Panorama

Neuenweg abbiegen. An der Kuppe Hau befindet sich der Wanderparkplatz Haupass, wo sich auch eine Bushaltestelle befindet.

FREIZEIT

25. Lass den Charme Freiburgs auf dich wirken.

Freiburg. Der Universitätsstadt in Freiburg wird nachgesagt, die schönste und sehenswerteste Stadt im Schwarzwald zu sein. Nicht ohne Grund! Erfreulich für Touristen ist die Tatsache, dass Freiburg die sonnigste Großstadt in Deutschland ist. Wenn in anderen Bundesländern das Wetter die Menschen noch im Haus hält, kann in Freiburg bereits bei Sonnenschein gewandert, geradelt und gebummelt werden. Allein die Lage zwischen Südschwarzwald und Kaiserstuhl garantiert traumhaft schöne und abwechslungsreiche Landschaftserlebnisse. Bei einem Stadtbummel lädt das gotische Freiburger Münster zu einem Besuch ein. Sehenswert sind auch viele weitere historische Gebäude rund um Münster und Münsterplatz, wie zum Beispiel das Wetzingerhaus und das Kornhaus am Münsterplatz. Die Stadt wird auch durch die Bächle geprägt. Hierbei handelt es sich um kleine künstliche Bachläufe in den Gassen und Straßen, an denen Kinder wie auch Tiere gerne ihren Spaß und eine Erfrischung haben. Ein interessantes Fotomotiv ist das Martinstor mit seinen Überbleibseln der ehemaligen Befestigungsanlage. Romantische Gassen wie Gerberau und Fischerau sollten bei der Stadtbesichtigung von Freiburg nicht vergessen werden.

Standort: Rathausgasse 33, 79098 Freiburg • **Mehr Informationen:** www.visit.freiburg.de

Abendstimmung in der Freiburger Altstadt

Uralte Bürgerhäuser in Oberlinden

Die Skulpturengruppe die Lauschenden

Romantische Gässchen durchziehen die Altstadt

Kultur und Markt in der Grünwälderstraße

Überall zu finden: die Bächle in Freiburg

Imposant: das Freiburger Münster

KULTUR

26. Besuche das Freiburger Münster.

Freiburg. Das Freiburger Münster (oder Münster »Unserer Lieben Frau«) wurde offiziell von 1200 bis 1513 erbaut. In späteren Jahren kam es immer wieder zu baulichen Erweiterungen, zum Beispiel die Vorhalle im 16. Jahrhundert im Stil der Renaissance. Das Münster gilt als Wahrzeichen der Stadt Freiburg im Breisgau, wobei der Begriff Münster als Bezeichnung für mittelalterliche Großkirchen erst Mitte des 14. Jahrhunderts aufkam. Der Baustil des Freiburger Münster ist romanisch-gotisch, wobei der gotische Stil dominiert. Besonders auffällig ist der 116 Meter hohe Turm des Münsters, welcher bei seiner Fertigstellung im Jahre 1330 kurzzeitig die Rangliste der weltweit höchsten Bauwerke anführte. Der Aufstieg auf den Turm ist jedoch leider nicht kostenfrei. Formell ist das Freiburger Münster seit 1827 eine Kathedrale, als Freiburg Bischofsitz wurde. Aus Tradition wird es aber nach wie vor immer noch Münster genannt. Als architektonisches Meisterwerk der Gotik wird das Freiburger Münster von Kunsthistorikern aus der ganzen Welt gerühmt. Obwohl die Freiburger Innenstadt im Krieg schwer zerstört wurde, überstand der Münster die schwere Bombardierung nahezu unbeschadet. Selbst die originalen Fenster aus den unterschiedlichen Bauperioden sind heute noch im Münster zu bewundern, da sie vor den Bombenangriffen in Sicherheit gebracht worden waren.

Standort: Münsterplatz 13, 79098 Freiburg • **Öffnungszeiten:** Mo-Sa 10 bis 17 Uhr, So 13 bis 19:30 Uhr. Während der Gottesdienste ist eine Besichtigung nicht möglich.

27. Lerne asiatische Gartenkunst kennen.

BESONDERE ORTE

Freiburg. Im Freiburger Seepark gibt es ganz besonderes kleines Stück japanische Gartenkunst zu besichtigen. Geplant wurde der Traumgarten vom Gartenarchitekten Yoshinori Tokumoto aus Matsuyama. Der Garten ist ein Partnerschaftsgeschenk an die Stadt Freiburg. Eröffnet wurde er im Mai 1990. Die natürlichen Elemente, welche hier verbaut wurden, kamen zum Teil aus der Umgebung. Der Kiesel hat seinen Ursprung im Rhein,

Felsensteine wurden am Schauinsland ausgesucht, viele Pflanzen stammen von regionalen Gärtnereien. Die ausgestellten Laternen aus Stein stammen jedoch original aus Japan. Faszinierend harmonieren Pflanzen, Wasser und Steine in dem japanischen Garten. Drei japanische Gärtner wirkten aktiv bei dem Anlegen des Gartens mit. Da die Pflege eines solchen Gartens für europäische Gärtner nicht immer so einfach durchzuführen ist (Das Binden, Schienen und Schneiden der Pflanzen entspricht nicht den klassischen Methoden.), schulte Yoshinori Tokumoto Gärtner des Freiburger Gartenamtes in dieser Kunst.

Standort: Sundgauallee 12A, 79110 Freiburg im Breisgau • **Öffnungszeiten:** 24 Stunden tgl.

ABENTEUER

28. Finde den Weg zu anderen Generationen.

Freiburg. Seit Sommer 2013 lockt der Mehrgenerationenplatz der Stadt Freiburg Menschen jeden Alters an. Mit sinnvoll durchdachten Aktiv- und Ruheräumen soll der Platz eine Brücke zwischen den Generationen bilden. Menschen mit Gehbehinderungen können dank der Barrierefreiheit diesen wundervollen Platz auch für ihre Freizeitgestaltung nutzen. Speziell für Senioren vorhandene Fitnessgeräte helfen nachlassende motorische Fähigkeiten sinnvoll zu trainieren. Im Sitzbereich sind in der Sonne und im Schatten schöne Plätze, um Ruhe zu finden. Wer mag, kann einfach nur das Geschehen beobachten oder sich in eine nette Unterhaltung stürzen. Tischtennis, Boule-Bahnen und ein Bolzplatz sorgen für

Jugendliche für Abwechslung. Kinder können klettern, schaukeln und im Sand spielen. Wer Schach und Dame spielt, wird von der Freiluft-Spielfläche begeistert sein. Für die Figuren bitte im Café am Platz nach dem Schlüssel fragen.

Standort: Im Haltinger, 79117 Freiburg im Breisgau • **Öffnungszeiten:** 24 Stunden tgl.

29. Trainiere deine Balance beim Slacklining.

SPORT

Freiburg. Freiburg ist eine Stadt, die sich gerne neuen Trends stellt und mit der Zeit geht. Das mag zum einen an den vielen Studenten liegen, aber zum andren auch an der offenen Mentalität der Bürger, die die den Freizeitwert der Stadt deutlich erhöht. Zu den angesagten Trendsportarten gehört auch das Slacklining, welches ein gutes Training für den Gleichgewichtssinn, die Koordination und die Konzentration ermöglicht. Nach und nach können akrobatische Übungen auf der Leine immer weiter ausgebaut werden und mit der Zeit entwickeln sich selbst Anhänger zu kleinen Artisten. Das Garten- und Tiefbauamt in Freiburg ist sportlichen Betätigungen auf den Grünflächen sehr aufgeschlossen, und begrüßt diese sogar als Zugewinn an Lebensqualität. Damit das Balancieren auf der Slackline jedoch nicht zulasten der Bäume in den Grünanlagen geht – normalerweise wird die Slackline ja fest zwischen zwei Bäume gespannt und reibt an der Baumrinde – hat man in Freiburg neun feste Slacklining-Anlagen angelegt. Hier sind die Slacklines zwischen stabile Pfosten aus

Robinienholz oder aus Stahl gespannt. Das funktioniert genauso gut und die Natur nimmt keinen Schaden.

Standorte: siehe www.freiburg de • **Stichwort:** Slacklining • **Öffnungszeiten:** 24 Stunden tgl.

FREIZEIT

30. Entdecke Naturschönheiten an der Wilden Gutach.

Gutach im Breisgau. In der Region des ZweiTälerLand dominieren die Flüsse Elz und Wilde Gutach zwei Täler. Besonders die Wilde Gutach ist kaum bekannt, verglichen mit der Elz oder der zahmeren Gutach. Dabei bietet die Wilde Gutach imponierende Naturschauspiele, wenn sie sich ungezähmt ihren Weg durch das Tal bahnt.

Entlang der Wilden Gutach wandern

Auch Liebhaber seltener Botanik oder rar gewordener Tiere kommen hier auf ihre Kosten. Ebenfalls spannend zu beobachten sind die Wildwasserkanuten, die sich in den Stromschnellen der Wilden Gutach tummeln.

Standort: 79261 Gutach im Breisgau • **Öffnungszeiten:** 24 Stunden tgl. • **Wie kommt man hin?** Von Gutach über Simonswald bis zum Wanderparkplatz Am Hohrein 1A

31. Wandere zu den Zweribachwasserfällen.

BESONDERE ORTE

Gutach im Breisgau. Der Höhenzug zwischen Waldkirch und Höhenhäuser bietet dem Besucher eine wunderschöne Landschaft mit sehr guten Ausblicken. Dabei können die Wallfahrtskirche »Unserer Lieben Frau« und

Eindrucksvoll: die Zweribachwasserfälle

die oberen Quellbäche der Wilden Gutach entdeckt werden. Ganz in der Nähe warten die Hirschbachfälle und Zweribachwasserfälle ebenso auf ihre Entdeckung durch den Wanderer. Vor allem die Zweribachfälle lohnen einen Besuch. Im Sommer kann man sich zudem an zahlreichen Stellen entlang des Flusses erfrischen und abkühlen.

Standort: 79261 Gutach im Breisgau • **Öffnungszeiten:** 24 Stunden tgl. • **Wie kommt man hin?** Von der A5 je nach Fahrtrichtung Offenburg oder Freiburg-Nord abfahren. Dann die B294 nach Elzach fahren.

FREIZEIT

32. Tanke Energie in Seebach.

Seebach. Am Nationalpark Schwarzwald liegt der Luftkurort Seebach. Wer einmal richtig tief frische Luft tanken möchte, wird dies mit Sicherheit rund um Seebach können. Täler und Berge mit Bewaldung umgeben Seebach mit dem typischen Schwarzwald-Flair. Obstanbau und Viehwirtschaft gehören zu dieser Region und sichern auch das Einkommen vieler Bürger. Die Gemeinde Seebach zählt ca. 1500 Einwohner – alles gastfreundliche Menschen, die ihren wunderschönen Heimatort zu schätzen wissen. Von hier ist es ein idealer Ausgangspunkt für weitere Ausflüge zum Mummelsee, verschiedenen alten Mühlen und den hohen Türmen auf dem Gipfel der Hornisgrinde. Entspannung pur versprechen die vielen Wander- und Naturerlebnisse rund um Seebach. Streuobstwiesen wie aus dem Bilderbuch, imposante Felsgruppen und erfrischende Gebirgsbäche laden zum Wandern, Picknicken und vielem mehr an Aktivitäten ein. Mit dem Rad macht es Spaß, die Region rund um Seebach zu erkunden, am besten mit Proviant und Decke, sodass eine Rast an einem der romantischen Flecken stattfinden kann. Vielzählige Aussichtspunkte sind ideal, um den Sonnenaufgang oder auch den Sonnenuntergang zu beobachten.

Standort: 77889 Seebach

33. Wandere auf dem Höhenklimaweg.

Sport

Titisee-Neustadt. Der Titisee lädt viele Erholungssuchende zur Entspannung ein. Er ist fast zwei Kilometer lang und 750 Meter breit. Wer möglichst viel von dem See und der Natur drumherum sehen will, für den empfiehlt sich der 7,5 Kilometer lange Höhenklimarundweg. Die Strecke lässt sich leicht in 2 bis 2,5 Stunden bewältigen. Zu Beginn führt die Tour zur Wassertretstelle Bruggerwald, wo sich im kühlen Moorwasser die Füße eine Erfrischung gönnen können. Danach trifft der Wanderer, nachdem er einen kleinen Wald durchquert hat, auf einen Eisweiher. Der Rundweg verläuft weiter durch Wälder, über Kuhwiesen und auf romantischen Pfaden. Am Ostufer des Titisees geht es dann wieder zurück zum Ausgangspunkt. Der Weg ist sehr abwechslungsreich und bietet schöne Aussichten auf den See, welche zum Fotografieren einladen. Der höchste Punkt der Tour wird in 1019 Metern Höhe erreicht. Von hier geht es steil bergab. Schöne Graswege führen nach Bankenhof, wo es auch ein kleines Museum gibt, in dem sich alte

Landmaschinen begutachten lassen. Zum Schluss sollte noch genügend Zeit für die Strandpromenade übrigbleiben. Hier gibt es gute Möglichkeiten zum Bummeln.

Standort: 79822 Titisee-Neustadt • **Öffnungszeiten:** 24 Stunden tgl. • **Wie kommt man hin?** Von Freiburg aus die B31 in Richtung Donaueschingen/Titisee-Neustadt nehmen. Dann die Ausfahrt Richtung Titisee benutzen und über die Neustädterstraße bis zum ausgeschilderten Parkplatz am Titisee fahren.

FREIZEIT

34. Relaxe am Ufer des Titisees.

Titisee-Neustadt. Was wäre ein Urlaub ohne etwas Wasserspaß? Nicht nur Kinder lieben es in einem See zu schwimmen, Wasserball zu spielen und einfach die erholsame Natur zu genießen. Der Titisee im südlichen Teil des Schwarzwalds eignet sich dafür ideal. Allerdings ist am Badestrand Titisee keine Wasseraufsicht vorhanden. Eltern sollten ihre Kinder immer sehr gut im Auge behalten. Die Benutzung der Liegeflächen, sonstigen Anlagen und Baden im See erfolgt daher für den Besucher ganz auf eigene Gefahr. Hunde dürfen nicht mit an den Badestrand genommen werden. Eine betriebene Gastronomie, Umkleidemöglichkeiten und Toiletten stehen den Besuchern zur Verfügung. Von Ende März bis Ende Mai ist der Badestrand geschlossen. Spaß macht am Titisee auch das Schnorcheln, dank des klaren Wassers. Der im Durchschnitt 20 Meter tiefe See ist zudem Heimat von Zander, Forellen und Hechten, die sich mit etwas Glück beobachten lassen.

Erholung pur am Titisee

Standort: Badestrand Titisee, Strandbadstraße 1, 79822 Titisee-Neustadt • **Öffnungszeiten:** in den Sommermonaten 24 Stunden tgl. • **Wie kommt man hin?** Von Freiburg aus die B31 in Richtung Donaueschingen/Titisee-Neustadt nehmen. Dann die Ausfahrt Richtung Titisee benutzen und über die Neustädterstraße bis zum ausgeschilderten Parkplatz am Titisee fahren.

35. Erlebe winterlichen Eisspaß auf dem Eisweiher.

SPORT

Titisee-Neustadt. Titisee-Neustadt zieht nicht ohne Grund auch im Winter viele Gäste an. Sport im Winter an der frischen Luft macht Spaß und den Kopf von vielen Gedanken und Sorgen frei. In einer Region wie am Titisee ist der Wintersport auch kostenfrei möglich. Wer gerne auf Schlittschuhen steht und Pirouetten drehen möchte, wird auf dem Eisweiher Neustadt auf seine Kosten kommen. Aber auch für Fans von Eishockey ist der Weiher für ein schnelles Spiel bestens geeignet. Schlittschuhe sind selbst mitzubringen. Wann auf dem Weiher Schlittschuh gelaufen werden darf, ist vom Wetter abhängig, daher gibt es auch keine festen Zeiten für tragende Eisflächen. Ein aktueller Bericht zur Wetterlage ist unter www.hochschwarzwald.de/Schneebericht/Titisee-Neustadt erhältlich. Die speziell für Eissportler vorgesehenen Flächen werden von der Gemeinde Titisee-Neustadt immer aktuell freigegeben. Bitte unbedingt an diese Anweisungen halten.

Standort: Eisweiher Neustadt, Friedrich-Ebert-Platz, 79822 Titisee-Neustadt • **Öffnungszeiten:** in den Wintermonaten 24 Stunden tgl. • **Wie kommt man hin?** Von Freiburg aus die B31 in Richtung Donaueschingen/Titisee-Neustadt nehmen. Dann die Ausfahrt Richtung Titisee benutzen und über die Neustädterstraße bis zum ausgeschilderten Parkplatz am Titisee fahren.

FREIZEIT

36. Trete Wasser im Bruggerwald.

Titisee-Neustadt. In der Naturheilkunde gilt das Wassertreten als eine sehr wirksame Methode, um den Kreislauf anzuregen und das Immunsystem zu stärken. Wer Lust auf Wassertreten hat, hat an der Wassertretstelle Titisee-Bruggerwald sicher seinen Spaß. Wassertreten ist auch für Kinder eine tolle Möglichkeit, sich mit der heilenden Kraft des nassen Elements vertraut zu machen. Nicht vergessen: Unbedingt ein Handtuch und ein Paar Ersatzsocken einpacken. Nach dem Wassertreten ist es wichtig die Füße gut zu trocknen. Vor allem Kinder sollten nicht mit feuchten Socken wieder in ihre Schuhe schlüpfen. Die Wassertretstelle liegt inmitten des schönen Schwarzwalds. Wer mag, kann sich nach dem Wassertreten noch auf eine kleine Wanderung begeben. Es bestehen keine festen Öffnungszeiten, der Platz ist immer frei zugänglich und eignet sich somit auch für einen spontanen Besuch je nach Wetterlage. Vorsicht: Menschen mit einer bestehenden Infektion sollten auf ein Treten im kalten Wasser verzichten.

Standort: 79822 Titisee-Neustadt • **Öffnungszeiten:** 24 Stunden tgl. • **Wie kommt man hin?** Parkplätze sind am Strandbad Titisee zu finden. Direkt hinter den Parkplätzen (Richtung Eschweiler) befindet sich die Wassertretstelle.

37. Fahr mit dem Rad auf dem Bähnle-Radweg.

SPORT

Titisee-Neustadt. Es macht wirklich Spaß den Schwarzwald mit dem Fahrrad zu erkunden. Aus dem vielfältigen Tourenangebot sticht der Bähnle-Radweg hervor. Es handelt sich dabei um eine stillgelegte Bahntrasse von Titisee-Neustadt nach Bonndorf. Vorteil auf dieser Strecke sind die sehr geringen Steigungen, sodass auch Kinder und weniger sportliche Radler die Tour gut bewältigen können. Die Strecke umfasst ca. 30 Kilometer, ist also an einem Tag gut zu meistern. Highlight auf der Strecke ist neben der Fahrt entlang stillgelegter Bahnhöfe die Querung des Klausenbachviadukts.

Standort: 79822 Titisee-Neustadt • **Öffnungszeiten:** 24 Stunden tgl. • **Wie kommt man hin?** Startpunkt der Route ist der Bahnhof in Titisee-Neustadt.

FAMILIE

38. Erkunde das Barfuß-Labyrinth in Neustadt.

Neustadt. Ein richtig angenehmes und gesundes Erlebnis ist das Barfuß-Labyrinth in Titisee-Neustadt. Der Bund Deutscher Katholischer Jugend legte ihn 2009 in lediglich 72 Stunden an. In diesem Labyrinth muss nicht mit dem Suchen nach dem richtigen Ausweg Zeit verbracht werden, denn lediglich ein einziger Weg führt in den mittleren Bereich und ebenso zurück. Symbole stellen eine Verbindung zu vielen verschiedenen Kulturen dar. Da die Strecke des Weges nicht sehr lang ist, lediglich 230 Meter, ist das Labyrinth auch für Kinder und alte Menschen ideal. Mit den Füßen lassen sich unterschiedliche Beläge begehen. Sand, Kiesel, Tannenzapfen, Mulch und viele andere Untergründe machen deutlich, wie die Füße mit großer Sensibilität das wahrzunehmen wissen. Für die Füße ist der Spaziergang ein Feuerwerk an Gefühlsvielfalt, die von schmerzhaft bis kitzlig reicht. Es ist erstaunlich mitzuerleben, wie schnell sich die Füße an die ungewöhnliche Belastung gewöhnen.

Standort: Helios Klinik, Jostalstraße 12, 79822 Titisee-Neustadt • **Öffnungszeiten:** 24 Stunden tgl.

39. Lass dich von der Märchenkulisse auf Burg Windeck verzaubern.

BESONDERE ORTE

Lauf. Erbaut wurde die Burg Windeck um 1300 von der Familie Windeck. Was heute eine Ruine ist, war einst ein prächtiges Domizil von Rittern und Burgfräuleins im gotischen Stil. Viele Sagen ranken sich um diese Burg, am bekanntesten ist die Sage von der Geisterhochzeit. Zu ihr findet sich in der Baden-Badener Trinkhalle sogar ein Wandbild. Bis heute ist nicht bekannt, was diese einstige Burg tatsächlich zum Einsturz brachte. Der Platz ist dank seines Flairs und der Aussicht ideal

Märchenkulisse: die Burg Windeck

für ein kleines Picknick. Ebenso dient die Ruine vielen Besuchern als beliebter Hintergrund für Fotoaufnahmen. Und wer besonders mutig ist, packt Isomatte und Schlafsack ein und wartet die Geisterstunde ab.

Standort: 77886 Lauf • **Öffnungszeiten:** 24 Stunden tgl.

FREIZEIT

40. Besuche das Dorf am Himmel.

Höchenschwand. Das Dorf Höchenschwand liegt in 1.015 Meter Höhe und wird aufgrund seiner exponierten Lage auf dem Schwarzwälder Hochplateau als Dorf am Himmel bezeichnet. Es erhielt 1939 das Prädikat als »Heilklimatischer Kurort«. Höchenschwand liegt nur 20 Kilometer von der Schweizer Grenze entfernt. Bis zum Schluchsee, welcher ebenfalls ein Wanderparadies ist, sind es nur 10 Kilometer. Auch im 60 Kilometer entfernten Freiburg ist Höchenschwand gut bekannt und gilt unter den Freiburgern als beliebtes Ausflugsziel. Einer der vielen Wanderwege ist der Höchenschwander Felsenweg. Er erstreckt sich über 9,4 Kilometer und bewältigt 270 Meter Höhenunterschiede. Etwas Fitness vorausgesetzt, dauert die Wanderung ca. 3 Stunden.

Standort: 79862 Höchenschwand • **Wie kommt man hin?** Der Höchenschwander Felsenweg lässt sich über die B500 (Titisee-Neustadt – Waldshut-Tiengen) erreichen. Bei der unteren Zufahrt von Höchenschwand auf die K6555 Richtung Strittberg fahren. Auf der linken Seite der Kreisstraße befindet sich der Wanderparkplatz.

41. Schlendere durch Baden-Baden.

FREIZEIT

Baden-Baden. Im 19. Jahrhundert hatte Baden-Baden Hochkonjunktur. Grund hierfür war, dass der europäische Adel Baden-Baden als Zentrum von Entspannung, Luxus und Genuss ansah. Das Kurhaus mit Casino und die Thermalquellen standen bei den Aristokraten sehr hoch im Kurs. Das Casino beispielsweise wurde im Stil des pompösen Schloss Versailles nachgebaut. Es erstrahlt noch heute in luxuriösem Glanz. Die mondäne Kur-Bäderstadt übt eine eigenwillige Anziehungskraft auf Gäste aus aller Welt aus. In der Altstadt, am Fuß des Schlossbergs, lohnt ein Besuch in der Stiftskirche. Zeitgenössische Kunst wird in der Staatlichen Kunsthalle ausgestellt, für Kunstliebhaber sicherlich ein Besuch wert.

Naturidylle an der Oos in Baden-Baden

Blick auf die Stiftskirche

Die Trinkhalle mit 14 Wandbildern

Einfach drauf-
los spazieren
in Baden-
Baden

Konzerte, Musicals, Operetten und Opern sind in dem Festspielhaus zu erleben. Doch Baden-Baden ist nicht nur auf seine teuren Events und eintrittspflichtigen Sehenswürdigkeiten angewiesen, denn auch so ist in Baden-Baden ein pulsierendes und buntes Leben anzutreffen. Entlang der Oos führt zum Beispiel die Lichtentaler Allee mit einem duftenden Rosengarten. In dieser grünen Anlage sind dicke Mammutbäume ebenso vorzufinden, wie viele andere exotische Schönheiten. Das milde Klima in der Region ermöglichte die Pflanzung der Exoten. In der bergigen Umgebung von Baden-Baden stehen Wanderlustigen viele Rundwanderwege zur Verfügung. Besonders beliebt ist der 40 Kilometer lange Panoramaweg. Er führt in fünf Etappen rund um die Stadt.

Standort: 76530 Baden-Baden • **Weitere Informationen:** www.baden-baden.com

FREIZEIT

42. Genieße das Lichterfunkeln auf dem Christkindlsmarkt in Baden-Baden.

Baden-Baden. Zahlreiche Schwarzwald-Besucher fahren vor Weihnachten auf den festlich geschmückten Christkindlsmarkt nach Baden-Baden. Auf der Himmelsbühne finden Live-Auftritte statt, während der ganze Platz von weihnachtlichem Duft nach Punsch, Glühwein, Lebkuchen und weihnachtlichen Gewürzen eingehüllt ist.

Über 100 Weihnachtsstände ziehen mit ihren Angeboten Schaulustige an. Seinen Anfang nimmt das Lichterfunkeln des Markts bereits an der Parkanlage Lichtentaler Allee. Besonders schön: die Kirchenfenster-Allee auf der Kurhauswiese.

Standort: Lichtentaler Allee, 76530 Baden-Baden • **Termine und Öffnungszeiten:** www.visit.baden-baden.de • **Wie kommt man hin?** Auf der A5 die Ausfahrt Baden-Baden benutzen und weiter auf der B500 dem farbigen Verkehrsleitsystem bis Baden-Baden folgen. Den pinkfarbenen Schildern bis Kurhaus/Casino folgen.

43. Wandere auf dem naturbelassenen Luchspfad.

FAMILIE

Baden-Baden. Folge den Spuren der Luchse: Der 4 Kilometer lange Rundweg, auf dem seit 2009 eröffneten Luchspfad in Baden-Baden, ist gemütlich und mit Pausen in 4 Stunden zu bewältigen. Die 20 interaktiven Stationen sorgen für eine kurzweilige Streckenführung und verfolgen das Motto des Luchses »Schleichen, Spähen und Ohren spitzen«. Kinder können an den Stationen beobachten und raten, oder wie ein Luchs lauschen, schleichen und springen. Erwachsene genießen die unberührte Natur und können die Kleinen beim Quiz unterstützen. Dazu stehen zahlreiche Infotafeln an den Stationen. Mögliche Beutetiere der Luchse können mit vorhandenen Fernrohren gesehen, und durch einen Hörtrichter mit Tierstimmen auch gehört werden. Für Spaß sorgt zudem die Hoch- und Weitsprunganlage. Festes Schuhwerk ist unbedingt einzuplanen, denn der verschlungene Luchspfad ist sehr naturbelassen und führt im wahrsten Sinne des Wortes über Stock und Stein, schmale Brücken und Felsen. Für Rollstühle und Kinderwagen ist der Pfad deshalb nicht geeignet. Nach der Hälfte der Strecke kann eine Rast auf dem großen Rastplatz eingelegt werden. Hier gibt es Sitz- und Spielmöglichkeiten.

Standort: 76530 Baden-Baden • **Öffnungszeiten:** 24 Stunden tgl. • **Weitere Informationen:** www.luchspfad-baden-baden.de • **Wie kommt man hin?** Parkmöglichkeiten stehen am Parkplatz des Hotels Plättig zur Verfügung, wo sich auch der Startpunkt des Pfades befindet.

BESONDERE ORTE

44. Mach ein Picknick am Geroldsauer Wasserfall.

Baden-Baden. Der Anblick des Geroldsauer Wasserfalls sorgt nicht nur bei echten Romantikern für Herzklopfen. Lediglich leichte Aufstiege und Holzstege durch das Grobbachtal trennen Besucher von diesem einmaligen Naturspektakel im Schwarzwald. Auf dem Weg atmet man den Duft vieler wilder Rhododendren ein. Am Wasserfall angekommen drängt sich der Gedanke an ein Picknick geradezu auf, denn so schnell will niemand mehr den traumhaften Ort verlassen. Der Wasserfall stürzt in einen türkisfarbenen Weiher. Schon Johannes Brahms wusste hier neue Energien zu tanken, inspiriert durch das unermüdliche Plätschern des Wassers und die saubere und klare Luft.

Romantisches Plätzchen: der Geroldsauer Wasserfall

Standort: Wasserfallstraße, 76534 Baden-Baden • **Öffnungszeiten:** 24 Stunden tgl. • **Wie kommt man hin?** Entweder über die Wasserfallstraße oder über den Parkplatz Wannacker an der Schwarzwaldhochstraße, der Ausgangspunkt für den Panoramaweg zum Wasserfall ist.

45. Lerne das Flößerhandwerk kennen.

LAND & LEUTE

Alpirsbach. Wer sich für die Flößerei auf der Kinzig und der wunderschönen Schwarzwälder Natur interessiert, bekommt auf dem Flößerpfad im Kinzigtal eine Menge an Sehenswertem und Informativem präsentiert. Früher wurden hier flussabwärts Baumstämme Richtung Rhein von den Flößern auf der Kinzig transportiert. Den ersten Abschnitt von Lossburg bis Alpirsbach (10 Kilometer) versahen die Bürger mit informativen Tafeln. Auf diesen erfahren die Besucher Fakten zur Flößerei und den Höfen entlang der Route, die landschaftlich besonders reizvoll ist. Weiter führt der Pfad dann von Alpirsbach bis Wolfach. Das Teilstück zwischen Halbmeil und Wolfach ist sogar für jeden barrierefrei befahr- und begehbar. Es ist 5 Kilometer lang. In einem Streckenabschnitt (ca. 50 Meter) gibt es eine Steigung von 9 Prozent zu bewältigen. Neben den Informationstafeln gibt es auch einen Audio-Guide, den man unter www.floesserpfad.de herunterladen kann.

Standort: 72275 Alpirsbach • **Weitere Informationen:** www.floesserpfad.de

LAND & LEUTE

46. Erlebe den Viehabtrieb in Oberried.

Oberried. Im Südschwarzwald ist der jährliche Viehabtrieb in der Alemannischen Woche eines der sehenswerten Brauchtümer aus dieser Region. Immer Ende September bis Anfang Oktober ist das Event ein guter Grund Oberried einmal zu besuchen. Hier entstand durch die Arbeit vieler Generationen eine traumhaft schöne Kulturlandschaft. Die Landwirte der Erlenbacher Weidegenossenschaft sorgen jedes Jahr für frische Luft und saftige Weiden für ihr Jungvieh auf hoch gelegenen Weiden, wo sie sich Kräuter und Gräser über viele Monate hinweg schmecken lassen können. Wird das Vieh dann im Herbst wieder herabgetrieben, findet das mit einem bunten Treiben statt. Bereits am frühen Nachmittag ziehen die Landwirte mit den geschmückten Tieren hinab. Handgefertigte Blumenkunstwerke zieren den Hals eines jeden Tieres. Kunstblumen kommen hier nicht zum Einsatz. Beim Kuhschmuck wird Wert auf regionale Blumen, Kräuter und Blätter gelegt. Die Pracht hält jedoch nicht lange, da die Kühe diesen wohlschmeckenden Leckereien aus der Natur nicht widerstehen können und es sich gegenseitig abfressen.

Standort: 79254 Oberried • **Weitere Informationen und Termine:** www.dreisamtal.de

47. Heile Schmerzen in der Zahnwehkapelle.

LAND & LEUTE

Oberried. Bei Oberried im Südschwarzwald steht eine kleine Hofkapelle auf einem Berg. Sie ist der heiligen Apollonia gewidmet, der Patronin für Zahnmediziner. Außerdem wird sie wird bei Zahnschmerzen angerufen. Entstanden ist die Kapelle vermutlich durch den Viehauftrieb. Bei einem Gewitter soll in der Gegend einst eine Viehherde wie vom Erdboden verschluckt worden sein. Der Besitzer gelobte an dem Ort, wo er seine Herde wiederfinden würde, eine kleine Kapelle zum Dank zu errichten. Da die Tiere tatsächlich wiederauftauchten, steht nun auf einer wunderschönen Bergwiese eine sehenswerte Kapelle. Die wurde alsbald zum Ziel von Pilgern, die der heiligen Apollonia Opfer darbrachten, damit diese ihre Zahnleiden heilte. Heute entlockt dieser alte Aberglaube über die Zahnwehkapelle den Menschen meist nur ein nettes Lächeln. Dennoch wird die

Kapelle gerne als Ausflugsziel genutzt. Die Aussicht ist wunderschön und lohnt.

Standort: Rappeneck 1, 79254 Oberried • **Weitere Informationen:** www.dreisamtal.de

LAND & LEUTE

48. Besuche die Schlangenkapelle im Attental.

Stegen. Alte Sagen und ausgeführte Rituale aus dem Schwarzwald sind auch heute noch bei Einheimischen und Touristen im Gespräch. Wer zum Beispiel mit Schlangen nicht auf so gutem Fuße steht, wird sich besonders für eine ganz seltene Zeremonie interessieren: die Schlangenaustreibung im Südschwarzwald. Einst hatten das ganze Attental und der Henslehof unter Schlangen in hoher Anzahl zu leiden. Hilfe suchten sie bei der Maria Jungfrau. Sollte diese für das Ende der Schlangenplage sorgen, versprachen die Bauern der Jungfrau Maria den Bau einer Kapelle. Als die Schlangenplage tatsächlich abebbte, hielten sich die gläubigen Menschen an ihr Versprechen. Bis Ende des 19. Jahrhunderts galt die sogenannte Schlangenaustreibung an Maria Lichtmess als wirksames Mittel gegen Schlangenplagen. In der Schlangenkapelle ist bis heute noch am Altar die Jungfrau Maria mit dem Jesuskind zu sehen. Sie steht auf einer Weltkugel, umschlungen von einer Schlange.

Standort: Attentalstraße 36, 79252 Stegen • **Wie kommt man hin?** Die Anfahrt erfolgt bis zum Café Faller (Attentalstraße 7 in 79252 Stegen). Hier dann rechts dem Waldweg folgen. Die Kapelle liegt zwischen Waseck und dem Henslehof.

49. Steige auf den Schauinsland.

BESONDERE ORTE

Freiburg. Auf der Suche nach einem grandiosen Aussichtsplatz im Schwarzwald ist der Schauinsland nie zu vergessen. Der Schauinsland ist im Sommer ideal für Wanderungen (Gute Ausschilderungen sind vorhanden.), im Winter ist er ein beliebtes Skigebiet. Dank

Macht seinem Namen alle Ehre: der Schauinsland

seiner 1283 m Höhe streifen die Blicke der Besucher unbeschreiblich schöne Regionen: die Rheinebene und Freiburg, die Alpen, den Feldberg, den Kaiserstuhl, die Vogesen und natürlich den Hochschwarzwald. Auf dem Gipfel scheint die Zeit still zu stehen, Sorgen sind wie weggewischt und die Gedanken frei. In früheren Zeiten war der Schauinsland ein wichtiger Wirtschaftsfaktor. In ihm schlummerten enorme Bodenschätze, wie Blei, Silber und Zink. Aus diesem Grund wurde der Berg einst auch als Erzkasten bezeichnet.

Standort: 79254 Freiburg im Breisgau • **Wie kommt man hin?** Von Freiburg aus ist der Schauinsland leicht und zügig zu erreichen. Sogar öffentliche Verkehrsmittel stehen zur Verfügung. Mit dem Auto ist der Gipfelparkplatz ebenfalls zu erreichen. Die Strecke ist sehr kurvig und an den Wochenenden für Motorräder gesperrt.

SPORT

50. Fordere deine Fitness auf der Äulemer Kreuz Spur heraus.

Äule. Am Äulemer Kreuz startet eine schwierige Tour für Langlauf-Fans. Sie gilt als eine der Loipen im Schwarzwald, die über Monate mit Schneesicherheit punkten kann. Beginn und Ende der Runde ist das Äulemer Kreuz bei Schluchsee Äule. Es handelt sich hierbei um eine Passhöhe zwischen Äule und Menzenschwand. Die verschiedenen Strecken sind auf Orientierungstafel entlang des Weges beschrieben. Zu Beginn der Tour muss ein 600 Meter langer Anstieg in Angriff genommen werden. Danach folgen immer wieder Abfahrten und Anstiege, eine sehr ansprechende Herausforderung. Ab der Kapellenkopf Hütte geht es zurück an den Startpunkt – angenehm bergab! Die gesamte Strecke beläuft sich auf 8,3 Kilometer. Insgesamt ist eine Dauer von ca. 2,5 Stunden einzuplanen. Diese Route gehört als Teilstrecke zum Fernskiwanderweg Hinterzarten-Schluchsee. Geparkt werden kann am Äulemer Kreuz. Aktuelle Schneebedingungen sind online abzufragen.

Standort: 79837 Schluchsee • **Weitere Informationen:** www.hochschwarzwald.de

Das Loipenhaus am Äulemer Kreuz

Sport

51. Fahre mit dem Mountainbike an der Schwarzwaldhochstraße.

Ruhestein. Die Schwarzwaldhochstraße gilt als einer der schönsten Straßen Deutschlands. Entlang der Straße kann man die Gegend auf einer Rundtour auch sehr gut mit dem Mountainbike erkunden. Die Strecke ist als einfach einzustufen, und führt über nur 22,5 Kilometer. Gestartet wird die Tour mit dem Mountainbike in Ruhestein, wo die Strecke auch beendet wird. Die maximale Höhe beträgt 1167 m, die Mindesthöhe 890 m. Die Steigung beträgt insgesamt 641 m. Die Runde führt

Serpentinen auf der Schwarzwaldhochstraße

vorbei an der Darmstädter Hütte, weiter geht es dann nach Seibelseckle, Ochsenstall, Hornisgrinde und am Mummelsee bis am Ende Ruhestein wieder angefahren wird. Auf dieser Route sind mehrere Einkehrmöglichkeiten vorhanden, sofern man nicht selbst für das leibliche Wohl sorgt. Eine längere Ruhepause zum Entspannen sollte man am Mummelsee einlegen.

Standort: Ruhestein, 72270 Baiersbronn

52. Entdecke heimische Wildtiere.

FAMILIE

Bad Säckingen. Leider bekommt man auch auf ausgedehnten Wanderungen durch den Schwarzwald die heimischen Wildtiere nur selten zu Gesicht. Nicht so in Bad Säckingen, wo neben einem ruhigen und beschaulichen Bergsee ein kostenfreies Wildgehege angelegt wurde, in dem große und kleine Urlauber Wildschweine und Schwarz-, Rot-, Sika- und Damwild zu sehen bekommen. Wichtig ist es natürlich, keinen Lärm zu machen, denn das Wild im Gehege mag das ebenso wenig wie die freilebenden Tiere im Schwarzwald. Gefüttert werden dürfen die Tiere nur mit Mais aus einem speziellen Futterautomaten. Falsches Futter könnte die Tiere krank werden lassen. Das Gehege ist von Bad Säckingen aus gut zu Fuß zu erreichen. Es sollte eine Wanderzeit von ca. 30 Minuten eingeplant werden. Ganz in der Nähe befindet sich noch ein Barfußpfad mit Wassertretbecken, in dem sich Kinder ebenfalls gerne austoben.

Standort: 79713 Bad Säckingen

FREIZEIT

53. Sitze am Todtnauberg auf Riesenstühlen.

Todtnau-Todtnauberg. Wer einmal wissen möchte, wie Zwerge ihre Umgebung wahrnehmen, darf beim Besuch im Schwarzwald auf keinen Fall die besonderen Stühle der Todtnauer Region verpassen. Die Stühle sind nämlich sage und schreibe vier Meter hoch. Über eine Holzleiter gelangen die Besucher auf die große Sitzfläche. Auf ihnen macht es richtig Spaß das Umland zu betrachten. Für ein Sonnenbad sind die ausgefallenen Sitzplätze immer eine gute Wahl. Außerdem sind die Stühle auch ein ausgefallener Ort für ein Picknick. Je nach Wetterlage sind vom Todtnauberg sogar die Alpen zu sehen. Neben den großen Stühlen gibt es auch noch das Sprungbrett, ein Vogelhaus und die Holzbiege. All diese Sitzgelegenheiten sind rund um die Uhr frei zugänglich und laden daher auch zum Schauen von Sonnenaufgang und Sonnuntergang an.

Standort: 79674 Todtnau-Todtnauberg • **Weitere Informationen:** www.todtnauberg.de

FAMILIE

54. Besuche den Bergtroll Horneradsch.

Todtnau-Todtnauberg. Der abwechslungsreiche Sinnes- und Walderlebnispfad Horneradsch bietet Kindern ein interessantes Naturerlebnis im Schwarzwald. Der 2,4 Kilometer lange Wanderweg ist leicht zu bewältigen und befindet sich rund um das Todtnauberger Horn.

Auf dem Sinnes- und Walderlebnispfad Horneradsch

Gestartet wird am Wanderparkplatz Radschert. Informatives ist sogleich am Startpunkt auf der Orientierungstafel vorzufinden. Direkt zu Beginn geht es links in den Wald ab, wo auch schon das erste interessante Naturthema behandelt wird: Pilzkunde. Der Weg führt danach an einem Tennisplatz vorbei, später folgt ein beeindruckender Blick über die Region. Ausruhen lässt es sich auf der Sprungbrett-Liege. Geht es dann weiter, folgt später ein Grillplatz mit Grillhäuschen. Hier wird rechts abgebogen. Danach gelangt man zum Aussichtspunkt Belchenblick, wo sich auch ein Spielplatz befindet. Bis zum Startpunkt der Tour sind es von hier aus nur noch 500 Meter. Der Rundweg wird als kinderwagentauglich bezeichnet. Große Räder mit einer Luftbereifung sind jedoch empfehlenswert.

Standort: 79674 Todtnau-Todtnauberg • **Weitere Informationen:** www.todtnauberg.de

Sport

55. Rodel die Hänge des Todtnaubergs hinunter.

Todtnau-Todtnauberg. Mitten im Schwarzwald, auf einer Höhe von über 1.000 Metern, liegt der Luftkurort Todtnauberg. Dieser bezaubernde Ort befindet sich an der Südseite des Feldbergs. Es gibt hier keinen Durchgangsverkehr, was für Ruhe, Entspannung, Erholung und ungestörten Naturgenuss sorgt. Im Winter lockt Todtnauberg vor allem Schneebegeisterte an, darunter auch Schlittenfahrer. Sie können sich hier auf fünf

Rodelspaß auf dem Todtnauberg

Rodelhängen vergnügen. Wer das besondere Rodelvergnügen sucht, macht sich auf den Weg zur Todtnauer Hütte in der Nähe des Feldbergs. Dort erwartet einen eine 3,5 Kilometer lange Abfahrt, die als die längste Naturrodelbahn im Schwarzwald gilt.

Standort: 79674 Todtnau-Todtnauberg • **Weitere Informationen:** www.todtnauberg.de

56. Streichle die Hasen auf dem Todtnauberg.

FAMILIE

Todtnau-Todtnauberg. Wanderungen mit dem Kinderwagen sind im Schwarzwald oft bei wundervollen Aussichten möglich, zum Beispiel bei dieser ca. 4 Kilometer langen Tour rund um den Todtnauberg. Dank abwechslungsreicher Natur und einem Hasengehege kommt hier selbst bei kleinen Kindern kaum Langeweile auf. Der Weg ist Winter wie Sommer zu empfehlen. Gestartet wird direkt am Todtnauberger Kurhaus. Weiter geht es auf der Radschertstraße, danach in den Hintermattweg. Von dort führt der Weg nach Büreten, wo auch schon das Hasengehege wartet. Nach dem Hasengehege wird die Radschertstraße überquert. Später geht es bergab in den Hohenweg und danach über den Rosenweg. Das letzte Stück führt vorbei am Hotel Engel und am Rathausplatz bis zum Ausgangspunkt. Je nach Laufgeschwindigkeit sind anderthalb Stunden einzuplanen. Natürlich dauert es mit einer langen Rast bei den putzigen Hasen länger.

Standort: 79674 Todtnau-Todtnauberg • **Weitere Informationen:** www.todtnauberg.de

ABENTEUER

57. Mach deiner Liebsten* in der Klosterruine Allerheiligen einen Heiratsantrag.

Oppenau. Ein Heiratsantrag sollte an einem nicht alltäglichen Ort ausgesprochen werden, besonders bei einem gewissen Hang zur Romantik. Ein perfekter Ort für die Frage aller Fragen ist die frühgotische Klosterruine Allerheiligen. Oberhalb von den Wasserfällen liegt diese traumhaft schöne Ruine aus Buntsandstein im romantischen Lierbachtal. Die Klosterruine Allerheiligen wurde von Uta von Schauenburg zwischen den Jahren 1191 und 1196 als Prämonstratenserkloster gegründet, wur-

Romantikkulisse: die Klosterruine Allerheiligen

de jedoch auch zeitweilig als ein Wallfahrtsort genutzt. Die Kirche wurde 1804 durch einen Blitzeinschlag größtenteils zerstört. Heute zeugen noch Überbleibsel des Kreuzganges und der Sakristei von der ehemaligen Pracht. Teile der Vorhalle und des Langhauses konnten sich ebenfalls durch die Jahrhunderte kämpfen. Ebenfalls sehr romantisch sind die nahe der Ruine gelegenen Allerheiligenwasserfälle, zu denen ein Rundwanderweg führt. Hier geht es über Treppen und Holzbrücken auch am Kloster Allerheiligen vorbei. Der Weg zurück führt über die Engelskanzel-Roßgrund bis zum Startpunkt.

Standort: Allerheiligen 3, 77728 Oppenau • **Öffnungszeiten:** 24 Stunden tgl. • **Wie kommt man hin?** Zu erreichen sind die Ruine und die Wasserfälle über die abwechslungsreiche Schwarzwaldhochstraße, und ebenso von der Rheinebene aus (über Appenweier, Oberkirch, Oppenau durchs Lierbachtal). Parkplätze sind am Fuße der Wasserfälle vorhanden. Weiter oben stehen bei der Klosterruine weitere Parkplätze zur Verfügung. Das ehemalige Gesindehaus dient heute als Informationszentrum.

* oder deinem Liebsten

58. Suche nach Geistern im Grandhotel Waldlust.

ABENTEUER

Freudenstadt. Im Schwarzwald gibt es einige Orte mit Gänsehautgarantie. Einer davon ist das einstige Grandhotel Waldlust. Entstanden ist das Hotel 1902 aus einer ehemaligen Prachtvilla. Die Geschichte des Hotels ist ruhmreich, denn in ihm verkehrten Berühmtheiten wie zum Beispiel der Schauspieler Douglas Fairbanks. Ebenfalls waren der schwedische König, die niederländische Königin und der Prinz of Wales Gäste im Grandhotel. Doch irgendwann war es mit der Pracht vorbei und das einstige Luxushotel wurde zum Lot Place. Für Grusel sorgen die Geschichten über Geister, welche in dem Gemäuer existieren sollen. Selbst Geisterjäger waren in dem ehemaligen Hotel schon hoffnungsvoll im Einsatz. Das Gebäude steht heute unter Denkmalschutz und übt auf seine Besucher noch immer eine große Faszination aus. Wer sich das einst so prächtige und spukende Hotel aus nächster Nähe ansehen möchte, muss beim Verein für Kulturdenkmale einen Termin anfragen. Hotelführungen finden leider nur in unregelmäßigen Abständen statt. Die Führungen sind kostenfrei, jedoch sind die Verantwortlichen für eine kleine Spende dankbar, denn diese dient der Erhaltung des Gebäudes.

Standort: Lauterbadstraße 92, 72250 Freudenstadt • **Öffnungszeiten:** nach Vereinbarung • **Weitere Informationen:** Verein für Kulturdenkmale Freudenstadt e.V. Landhausstr. 12 72250 Freudenstadt, E-Mail: info@denkmalfreunde.de

FREIZEIT

59. Bummel über den Marktplatz in Freudenstadt.

Freudenstadt. Freudenstadt ist eine Kreisstadt auf einem Hochplateau und gilt als beliebter Kneippkurort. Sie liegt am beschaulichen Ostrand des mittleren Schwarzwalds. Bei einer Stadtbesichtigung steht unweigerlich

Der Markt-
platz in
Freudenstadt

der Marktplatz im Mittelpunkt. Er ist fast quadratisch und als Deutschlands größter umbauter Marktplatz bietet er Platz für zahlreiche Unterhaltungsprogramme. Um den Platz herum gibt es zahlreiche Arkaden und Laubengänge. Wenn nicht gerade der Wochenmarkt zu Gast ist, gibt es hier auch immer wieder Veranstaltungen wie das Sommernachtsfest mit zahlreichen Konzerten oder den Weihnachtsmarkt. Spielfans können sich hier an eine Freiluftpartie Mühle wagen. Das Spielbrett ist in den Boden eingearbeitet. Die Spielsteine leiht man in der Touristeninformation am Platz.

Standort: Marktplatz 1, 72250 Freudenstadt

FREIZEIT

60. Spaziere auf dem Grindenpfad durchs Hochmoor.

Seebach. Der Grindenpfad verfügt über insgesamt zwölf Stationen und ist von Mai bis Oktober begehbar, je nach Wetterlage natürlich. Viel Wissenswertes über die hier angesiedelte Tierwelt und die Landschaft gibt es vor Ort auf zahlreichen Schautafeln nachzulesen. Das Hochmoor wird auf dem Bohlenweg erkundet, es geht vorbei an dem Hornisgrinde-Aussichtsturm und dem Bismarckturm. Stören keine Wolken, ist die Aussicht fantastisch. Der Blick kann dann über die Vogesen und das Rheintal schweifen. Insgesamt beläuft sich der Weg auf circa 3 Kilometer. Er ist also auch für ungeübte Wanderer oder mit Kindern leicht zu bewältigen.

Standort: 77889 Seebach • **Öffnungszeiten:** 24 Stunden tgl. • **Wie kommt man hin?** Die Region liegt an der bekannten Schwarzwaldhochstraße B 500 zwischen Baden-Baden und Freudenstadt. Der kostenfreie Parkplatz des Berghotels Mummelsee (Schwarzwaldhochstr. 11, 77889 Seebach), ist ein idealer Startpunkt für die Wanderung auf dem Grindenpfad.

KULTUR

61. Besichtige den Dom St. Blasien.

St. Blasien. Südlich vom Feldberg, eingebettet im Albtal des Hochschwarzwaldes, liegt der Kneipp-Kurort

Den Pantheon als Vorbild: der Dom in St. Blasien

Blick in die Domkuppel

St. Blasien. DER Besuchermagnet in St. Blasien ist der gleichnamige Dom. Dank seiner stattlichen Höhe von 62 Metern und einem Kuppeldurchmesser von 36 Metern, ist er im Stadtbild ein wahrer Eyecatcher. Erbaut wurde der Dom nach dem Vorbild des römischen Pantheons. Vor allem in den Sommermonaten wird den Besuchern des Doms ein umfangreiches Konzertprogramm geboten. Die meisten Konzerte sind kostenfrei. Es wird allerdings um Spenden gebeten.

Standort: Fürstabt-Gerbert-Straße 16, 79837 St. Blasien • **Öffnungszeiten:** Sommer 8 bis 18:30 Uhr, Winter 8:30 bis 17 Uhr • **Weitere Informationen:** www.dom-st-blasien.de • **Wie kommt man hin?** St. Blasien ist über die A5 erreichbar. Von der Abfahrt Freiburg/Mitte abfahren. Aus Fahrtrichtung Offenburg über Triberg, Furtwangen, Titisee, Schluchsee nach St. Blasien fahren.

FREIZEIT

62. Feiere eine besinnliche Waldweihnacht in St. Blasien.

St. Blasien. Für Menschen, die eine besondere weihnachtliche Stimmung lieben, ist die St. Blasier Waldweihnacht kurz vor dem 24. Dezember ein einmalig besinnliches Weihnachtserlebnis. Bevor jedoch das Fest beginnen kann, muss man eine kleine Wanderung auf sich nehmen. Treffpunkt dafür ist an der St. Blasien Loipenhütte. Von hier aus geht es einen ca. 550 Meter langen Weg zum sogenannten Ziegelfeld. Der Schneewanderweg wird dabei stimmungsvoll durch Fackeln beleuchtet. Kulisse für die Waldweihnacht sind eine Lichtung und eine alte Scheune, passend zu Jesus Geburt. Kapellen, Krippenspiele, Weihnachtsgeschichten und vieles mehr machen diesen Ausflug zu einem sehr emotionalen Erlebnis. Unbedingt warm anziehen, denn das Weihnachtsprogramm dauert über eine Stunde.

Standort: Loipenhaus, 79837 St. Blasien • **Weitere Informationen:** www.schwarzwald-tourismus.info

63. Erkunde das reizvolle Zell am Harmersbach.

KULTUR

Zell am Harmersbach. Am westlichen Teil des Schwarzwalds liegt die Stadt Zell am Harmersbach im Ortenaukreis. Wie aus dem Bilderbuch präsentiert sich die Hauptstraße des Ortes und erinnert dabei an die prachtvolle Vergangenheit der Stadt. Typische Fachwerkhäuser sowie Klassizismus- und Jugendstilgebäude ziehen den Betrachter in ihren Bann. Bei einem Rundgang durch Harmersbach auf eigene Faust sollte man unbedingt genug Zeit für die stimmungsvolle Altstadt einplanen. Zu finden sind hier viele malerische Gassen, hübsche Lokalitäten und Geschäfte. Harmersbach ist außerdem ein perfekter Ausgangsort für Ausflüge, Radtouren und Wanderungen. Eine davon kann man zum Beispiel auf dem Harmersbacher Vesperweg machen, an dem es immer wieder urig gestaltet Sitzgelegenheit gibt, an denen man Pause und machen und vespern kann.

Standort: 77736 Zell am Harmersbach • **Weitere Informationen:** www.zell.de

LAND & LEUTE

64. Erlebe die Fasnet in Villingen-Schwenningen.

Villingen-Schwenningen. Ursprünglich bestand die Stadt Villingen-Schwenningen aus zwei Städten. Zwischen Villingen (Baden) und Schwenningen (Württemberg) verläuft die Europäische Wasserscheide. Durch sie wurde einst die Grenze zwischen Württemberg und Baden gezogen. Hier verbindet sich der Schwarzwald mit der Schwäbischen Alb, wodurch reizvolle Landschaftliche Kontraste entstehen. Besucher der Stadt bewerten Villingen als den sehenswerteren Teil der Stadt, da die Altstadt hier viele Sehenswürdigkeiten zu bieten hat. Sie befindet sich inmitten einer alten Befestigungsanlage mit drei Tortürmen. Empfehlenswerte Ziele bei einem Besuch sind die Alte Prälatur, das Münster und das Rathaus im gotischen Stil. Das 1999 erneut eröffnete Franziskaner-Museum lockt ebenfalls jährlich viele Besucher an. Der Eintritt in die Dauerausstellungen, in denen man in die abwechslungsreiche Geschichte des Schwarzwalds von der Keltenzeit bis in die Neuzeit eintauchen kann, ist fei, lediglich die Sonderausstellungen des Museums kosten. Entspannende Spaziergänge sind in den gepflegten Grün- und Parkanlagen möglich. Zentral liegen zum Beispiel die Ringanlagen und das Hubenloch. Sie befinden sich leicht erreichbar oberhalb der Innenstadt von Villingen. Ausgestattet sind die größeren Parks mit Spielplätzen, zahlreichen Sitzmöglichkeiten für eine Rast und vielen Wegen. Ausnahmezustand herrscht in Villingen-Schwenningen in der närrischen Zeit. Besonders lohnenswerte Events sind das Narrenbaumstellen,

Faszinierende Kostüme in der Fasnet

die Fasnetsuche der Glonki-Gilde und der Katerempfang der Katzenmusik.

Standort: Münsterplatz, 78050 Villingen-Schwenningen

LAND & LEUTE

65. Sei beim Fest der Flößer in Wolfach dabei.

Wolfach. An dem Zusammenfluss von Kinzig und Wolf im romantischen Kinzigtal, liegt der sehenswerte Luftkurort Wolfach. Dominiert wird das Stadtbild vom 600 Jahre alten Fürstenberger Schloss. Ebenso sehenswert sind das Rathaus sowie das untere Tor, welches auch einen Zugang zur Wolfacher Straße ermöglicht. Hier finden Wochen- und Jahrmärkte statt. Wer Spaß an Fasching hat, wird in Wolfach auf seine Kosten kommen. Während der schwäbisch-alemannischen Fastnacht ist die Stadt ein Kessel ausgelassener Feierlichkeiten und Umzüge. Besonders berühmt ist Wolfach jedoch für sein Flößerfest, das nur alle zwei Jahre gefeiert wird. Hier lässt sich noch das originale Kinzingfloß bestaunen, das trotz seiner Länge enorm wenig ist. Das ist auch notwendig, um die Holzstämme auf dem oft schmalen Fluss zu transportieren. Ansonsten ist das beschauliche Wolfach eine Stadt mit vielen Brücken. Die Stadtbrücke in der Innenstadt eröffnet Besuchern einen einmaligen Blick auf die sogenannte Riviera Wolfachs. Der Gassensteg ist die wohl ursprünglichste Brücke in Wolfach. Sie stellt eine Verbindung zwischen Vor- und Altstadt her. Immer wieder laden zahlreiche Rad- und Wanderwege zu Besichtigungen der Umgebung ein. An der Wolfsbrücke führt zum Beispiel ein steiler Weg zum Stuckhäusle. Hier ist die Aussicht grandios.

Standort: 77709 Wolfach • **Weitere Informationen:** www.wolfach.de

66. Entdecke die mittelalterliche Burg Altensteig.

KULTUR

Altensteig. Im Norden des Schwarzwalds liegt das beschauliche Altensteig im Landkreis Calw. Auf der Route »Deutsche Fachwerkstraße« wird der Reisende unweigerlich nach Altensteig geführt. Altensteig gilt als die Kulturhauptstadt in der Region. Dazu bei trägt nicht zuletzt das malerische und idyllische Stadtbild. Das Alte Schloss etwa – auf einer Anhöhe gelegen – diente bereits

Perfekt? Perfekt! Burg Altensteig und Umgebung

im 13. Jahrhundert als Schutzburg gegen ungewollte Gäste und Angreifer. Heute ist es die einzige komplett erhaltene mittelalterliche Burganlage in der Schwarzwaldregion. Unter der Schlossanlage, in der sich ein Heimat- und Geschichtsmuseum befindet, liegt eine verträumte und unter Denkmalschutz stehende Altstadt. Die Fachwerkhäuser aus dem 15. bis 18. Jahrhundert sind in alemannischem und fränkischem Stil erbaut worden und wunderschön anzusehen.

Standort: 72213 Altensteig • **Weitere Informationen:** www.altensteig.de

Kultur

67. Sei beim Öffnen der großen Adventstüren in Gengenbach dabei.

Gengenbach. Das besinnlichen Gengenbach zieht seit über 15 Jahren Menschen in der Advents- und Weihnachtszeit wie magisch an. Grund dafür ist der Gengenbacher Adventskalender, der im Rathaus des Städtchens eingerichtet wurde. 24 Fenster des Hauses warten darauf nach und nach geöffnet zu werden. In der Regel werden die Fenster abends um 18 Uhr enthüllt. Das Ritual des Türchenöffnens ist einmalig und wird von einer kleinen Theater- und Musikaufführung begleitet.

Standort: 77723 Gengenbach • **Weitere Informationen und Termine:** www.stadt-gengenbach.de

68. Folge den Spuren des Räubers Hotzenplotz.

FAMILIE

Gengenbach. In Gengenbach, nahe Offenburg gelegen, befinden sich im Naturpark Schwarzwald Mitte/Nord zwei Abschnitte des Naturerlebnisweges Räuber Hotzenplotz. Die zwei Abschnitte richten sich an Jugendliche und Erwachsene (großer Räuberpfad) und an kleine Räuber im Kindergarten- und Grundschulalter (kleiner Räuberpfad). Der Große Räuberpfad: Hier gibt es auf einer Länge von 4 Kilometern einzigartige Biotope zu erleben. Entdecke scheue Waldtiere auf einem Schleichweg oder lerne, wie Fledermäuse hören. Die Kombination aus Spaß und Informationen bringt auf dem Hotzenplotz-Pfad die Natur näher, ohne dass es langweilig wird. Immer wieder wird die Geschicklichkeit der großen Räuber herausgefordert, zum Beispiel bei Spielen wie dem Zapfenhutball. Der Anfang des großen Räuberpfads befindet sich nahe des Strohbacher Festplatzes. Kleiner Räuberpfad: Auch der kleine Räuberpfad hat eine Länge von 4 Kilometer, ist jedoch auf mehr auf die Bedürfnisse der kleineren Besucher abgestimmt. Er startet am Strohbacher Steinbruch, leider ist der Weg nicht für Kinderwagen geeignet. Beide Pfade sind kostenfrei begeh- und erlebbar. Die Nase des hölzernen Räubers Hotzenplotz zeigt stets an, wo es langgeht.

Standort: 77723 Gengenbach • **Weitere Informationen und Termine:** www.stadt-gengenbach.de

FAMILIE

69. Wage einen Blick in die Welt der Bienen.

Bonndorf. Wie wichtig Bienen für den Fortbestand der Natur sind, hat sich in den letzten Jahren immer mehr im Bewusstsein der Menschen verankert. Wer seinen Kindern spielerisch näherbringen will, was die schwarz-gelben Insekten alles leisten hat dazu auf dem Bienenpfad bei Bonndorf Gelegenheit. Hier können Kinder den kompletten Weg von der von der Entstehung des Honigs bis zum fertigen Brötchenaufstrich nachvollziehen. Auf zwei Kilometern gibt es an 15 Stationen alles aus der Welt der emsigen Biene zu erfahren. Der Panoramaweg ist auch für Rollstuhlfahrer sowie Kinderwagen gut geeignet. Besonders spannend ist der Blick in das Gewusel des Bienen-Schaukastens. Und der Figuren-Klotzbeutel mit einer Höhe von über 3,50 Meter gehört zu den optischen Highlights auf der Bienentour.

Standort: Tirolerstraße 8, 79848 Bonndorf im Schwarzwald-Holzschlag • **Weitere Informationen:** www.honigschnaps.de

FAMILIE

70. Spaziere durch den Zauberwald in Taubenmoos.

Bernau-Oberlehen. Auf dem Zauberwald-Pfad geht es 2,5 Kilometer durch eine faszinierende Hochmoorlandschaft des Taubenmoos in Bernau, Ortsteil Oberlehen.

Der Zauberwald in Taubenmoos

Moospolster, Farne und Wollgräser schaffen es die Natur von einer ihrer schönsten Seite in diesem Naturschutzgebiet zu präsentieren. Die Stille vereint mit dem leichten Plätschern der Rinnsale, ermöglichen selbst stressgeplagten Besuchern ein Gefühl der Leichtigkeit und Neugierde zu vermitteln. Leicht ist es sich vorzustellen, wie Elfen und Feen sich dieses Stück Paradies aus der Heimat aussuchen würden – für Kinder natürlich ein wahr gewordenes Märchen, denn ihre Fantasie wird auf diesem Pfad mit seltenen Pflanzen und Tieren sehr beflügelt. Wer gerne fotografiert wird hier zum Großeinsatz kommen können, denn ein traumhaftes Motiv folgt dem nächsten. Wiesen, Wald, Holzstege und Brücken prägen den Rundweg in der Moorlandschaft. Hölzerne Steinpilze und Fliegenpilze wecken sofort Interesse bei den Kleinen. Mit ein klein wenig Glück gibt es auch Rehe, Hirsche, Eichhörnchen und

Füchse zu entdecken. Die insgesamt interessanten 15 Spiel-, Erzähl- und Infostationen machen den Besuch im Zauberwald abenteuerlich und unvergesslich. Leider ist der Rundweg nicht für Rollator und Rollstuhl geeignet. Ein gut bereifter Kinderwagen schafft es jedoch durch die Traumlandschaft.

Standort: 79872 Bernau im Schwarzwald • **Öffnungszeiten:** 24 Stunden tgl. • **Wie kommt man hin?** PKW-Anreise auf der L146 zwischen Bernau und Todtmoos, Wanderparkplatz Loipenzentrum. Gestartet werden kann vom Loipenzentrum 1,5 Kilometer südlich vom Ortsteil Oberlehen, wo auch ein kostenfreier Parkplatz und Informations-Pavillon vorzufinden sind. Ein weiterer Parkplatz ist auch 2 Kilometer südlich von dem Ortsteil Oberlehen (direkt an der Straße nach Todtmoos) vorzufinden. Beide Parkplätze dienen auch als Startpunkte für den Zauberwald-Weg.

ABENTEUER

71. Bade im Krai-Woog-Gumpen.

Görwihl. Viel Natur bietet sich Wanderern im Süd-Schwarzwald, zum Beispiel auf Wanderwegen in dem Schwarzenbächletal. Das 8,5 Kilometer lange Schwarzenbächle verbindet Natur und Wasser auf sehenswerte Weise. Das Highlight stellt eindeutig ein kleiner Wasserfall dar – am Krai-Woog-Gumpen. Aus dem alemannischen übersetzt bedeutet es ungefähr »Laut tosender Wasserfall«. Tatsächlich ist der Wasserfall trotz seiner eher geringen Größe schon von weitem zu hören. Erstaunlich, dass er erst 1952 entdeckt wurde. In der Nähe des Wasserfalls befindet sich auch die größte Gletschermühle des Schwarzwaldes. Sie stammt vermutlich aus der Eiszeit. Von einer Gletschermühle spricht man, wenn sich ein großer, runder Felsen einem Gletscher in den Weg stellt und fortan durch die Schubkraft des Gletschers gedreht wird. Den Krai-Woog-Gumpen findet man in der Nähe der Marksteinbrücke. Von hier aus führt eine Straße in Richtung Sägewerk Schwarze Säge an einem Moor vorbei. Nach 600 Metern biegt ein Waldweg ab, welcher nur zu Fuß passierbar ist. Vorsicht vor den Holzbohlen, wenn sie feucht und rutschig sind! Der Pfad führt direkt zum Krai-Woog-Gumpen.

Standort: Strittmatt 209, 79733 Görwihl • **Öffnungszeiten:** 24 Stunden tgl. • **Wie kommt man hin?** Von Ibach oder Dachsberg-Vogelbach erreicht man den Krai-Woog-Gumpen über die K 6591. Ein kleiner Parkplatz steht in der Nähe kostenfrei zur Verfügung.

Baden im Krai-Woog-Gumpen

LAND & LEUTE

72. Bestaune an Fronleichnam den Blumenteppich von Hüfingen.

Hüfingen. Der anerkannte Erholungsort Hüfingen ist zu jeder Jahreszeit einen Besuch wert. Hüfingen liegt am Rande des Südschwarzwaldes bietet neben den liebevoll sanierten Häusern ein Stadt- und Schulmuseum, sowie die museale Römische Badruine. Sanft fließt die Breg durch den anschaulichen Ort und lädt Besucher zum Verweilen ein. Die denkmalgeschützte Altstadt macht

Der Blumenteppich in Hüfingen

es den Besuchern leicht, sich in die Vergangenheit hineinzuversetzen. Ein besonderes Veranstaltungshighlight findet in Hüfingen jedoch an Fronleichnam statt. Dann nämlich wird der große Blumenteppichaufgebaut. Um 4 Uhr morgens beginnen die Einwohner von Hüfingen damit, einen 600 Meter langen Blumenteppich auszubringen. Der Blumenteppich ist 1,80 Meter breit und bedeckt ca. 1.000 Quadratmeter. Die Blumen werden nicht einfach willkürlich ausgebracht, sondern zu wahren Gemälden zusammengesteckt. Das ganze florale Kunstwerk wird in mehrere Teilstücke unterteilt, an denen jeweils 10-15 Personen mühevoll die Blumenkunst entstehen lassen. Je Quadratmeter wird ein voller Spankorb gezupfter Blumen verarbeitet. Das Ergebnis ist eine bunte Farbenpracht aus Blumen und ein Fest für das Auge.

Standort: 78183 Hüfingen • **Weitere Informationen:** www.huefingen.de • **Wie kommt man hin?** Hüfingen befindet sich am Schnittpunkt der Bundesstraßen B27 und B33. Von der A864 auf die B27/B33 Richtung Schaffhausen abfahren.

73. Kehre in der Teufelsküche auf dem Steinzeitpfad ein.

FAMILIE

Ehrenkirchen. Der Alte Ölberg liegt zwischen Bollschweil und Ehrenkirchen. Neben seiner anmutigen Reblandschaft lockert ein lichter Laubwald mit Lindenbeständen die Landschaft auf. Wer dem 5 Kilometer langen Steinzeitpfad folgt, wird Zeugnisse frühester Besiedelung im Breisgau erleben. An 12 Stationen lässt sich viel über Mammutjäger, Steinzeithöhlen, Faustkeile und das Ökosystem am Ölberg erfahren. Eine dieser Steinzeithöhlen ist die Teufelsküche. Der Sage nach diente die Höhle Räubern als Lagerstätte für ihre Beute. Die Bewohner des Ortes Bollschweil kennen eine andere Version der Geschichte. Demnach verschwanden in schlimmen Winternächten die Tiere aus den Ställen der Bauern. Das Verschwinden ließ sich nicht erklären und das Vieh blieb unauffindbar. Schnell fiel der Verdacht auf den Teufel, dessen Unterkunft eine Höhle im Ölberg sein sollte – die Teufelsküche eben. Der Rundweg Steinzeitpfad erschließt fast den gesamten Ölberg. Um zur Teufelsküche zu gelangen, muss vom Pfad eine Steintreppe benutzt werden. Die Teufelsküche besteht aus mehreren Höhlen, die zum Teil natürlichen Ursprung sind, aber auch von Menschen ausgebaut worden sind. Vor 35.000 Jahren diente sie steinzeitlichen Rentierjägern als Unterkunft. Kinder können sich in den Höhlen und den Resten der mittelalterlichen Befestigungsanlage gut eine Stunde lang unterhaltsam beschäftigen. Dicht an den Felshängen bitte auf Steinschlag aufpassen!

Standort: 79238 Ehrenkirchen • **Öffnungszeiten:** 24 Stunden tgl. • **Wie kommt man hin?** Von Freiburg aus ist Ehrenkirchen durch das Hexental und die Orte Merzhausen, Au, Wittnau, Sölden, Bollschweil zu erreichen. Der Steinzeitpfad beginnt in Ehrenkirchen an der St. Georg Kirche. Hier kann auch geparkt werden, allerdings ist der Parkplatz an Wochenenden schnell überfüllt.

74. Nimm an der Sonnwendfeier in Straubenhardt teil.

FREIZEIT

Straubenhardt. Nehme teil an der Sonnwendfeier und begrüße den kommenden Sommer: Straubenhardt liegt nur wenige Kilometer (ca. 18) von Pforzheim entfernt, zwischen Alb- und Enztal und bildet den Übergang vom Nordschwarzwald zum Kraichgau. Zum Wandern durch die Natur laden über 50 Kilometer Wanderwege ein. Für Rasten und Pausen gibt es Schutzhütten und Sitzbänke. Beliebtes Ziel einiger Wanderwege ist die alte Ruine Straubenhardt oder der Aussichtspunkt Schwanner Warte. Hier befindet sich ein Aussichtsturm mit Plattform in 8,5 Meter Höhe. Von hier lassen sich der Odenwald, die Pfälzer Berge, das Rheintal und ein Teil der Vogesen bewundern. Hier wird auch das beliebte und gern besuchte Sonnwendfest abgehalten. Zur Sommersonnenwende wird schon ab dem späten Nachmittag gefeiert und auf den Sonnenuntergang gewartet. Von hier aus, in 480 Meter Höhe, wartet auf den Besucher ein atemberaubender Anblick. Zahlreiche Kinder entzünden dann mit Fackeln einen riesigen Holzstapel. Diese lichterlohen Flammen sind auch aus großer Ferne noch sichtbar. Über dem tiefschwarzen Tal zeigt sich der Sternenhimmel von seiner schönsten Seite und das wärmende Feuer lädt zum längeren Verweilen ein.

Standort: 75334 • **Weitere Informationen:** www.straubenhardt.de • **Wie kommt man hin?** Gelegen zwischen Pforzheim und Karlsruhe, ist Straubenhardt über

Feuerzauber bei der Sonnenwendfeier

die A8 zu erreichen. Pforzheim West abfahren und über die B10 Richtung Birkenfeld. Weiter über Neuenbürg bis Straubenhardt.

KULTUR

75. Tauche in die Geschichte des Schwarzwaldes ein.

Brigachtal-Überauchen. Ein Abstecher in das Heimatmuseum ist unbedingt zu empfehlen, um mehr über die Geschichte des Schwarzwalds und seiner Bewohner zu erfahren. Im Ortsteil Überauchen der Gemeinde Brigachtal ist das Museum hübsch in einem alten Schulhaus untergebracht. Auf 200 Quadratmetern findet sich eine interessante und lehrreiche Dauerausstellung. Betrieben wird das Heimatmuseum mit viel Engagement von der Gesellschaft für Altertums- und Brauchtumspflege. Dabei zeigt sich, wie abwechslungsreich die Historie des Schwarzwaldes war: Römer, Alemannen und Kelten haben die hiesige Kultur mitgestaltet. Zu betrachten gibt es viele Ausstellungsstücke zum landwirtschaftlichen Alltag ebenso wie zur heimatgeschichtlichen Wohnkultur. Eine kleine, aber schöne Zeitreise in die Vergangenheit der Schwarzwälder.

Standort: Bondelstr. 25, 78086 Brigachtal-Überauchen • **Öffnungszeiten:** Das Heimatmuseum kann jeden zweiten Sonntag im Monat besucht werden. Die Öffnungszeiten sind von 14 bis 17 Uhr.

FREIZEIT

76. Entdecke botanische Schätze in Liliental.

Ihringen. Das Forstliche Arboretum Liliental am Kaiserstuhl ist ein wahrer Besuchermagnet. Entstanden ist dieses traumhafte Gebiet 1957 und 1958 durch den Ankauf des Landes durch die Forstliche Versuchsanstalt. In dem großen Park führen Wege durch eine wie im Märchen entsprungene Landschaft. Hier gedeihen heimische und exotische Pflanzen dank des milden Klimas am Kaiserstuhl prächtig. Auf Versuchsflächen sind zum Beispiel seltene Orchideen und Stauden heimisch geworden. Tulpenbäume, Lotuspflaumen und der Mammutbaumwald sind weitere Highlights. Drei verschiedene Wege mit Ausschilderungen führen durch den Park, der sich jedoch auch wunderbar auf die eigene Faust erkunden lässt. Der Das Forstliche Arboretum ist ganzjährig geöffnet, jede Jahreszeit verleiht ihm einen anderen faszinierenden Charakter.

Standort: 79241 Ihringen • **Weitere Informationen:** www.ihringen.de

FREIZEIT

77. Wandere auf dem Engelssteig.

Bühlertal-Untertal. Im Schwarzwald wird gerne bei einem Gläschen Wein und einer Vesper mit rauchigem Schwarzwälder Schinken gemütlich beisammengesessen. Wen interessiert, wo die Weinreben eigentlich ihren Ursprung haben und wie sie kultiviert werden, sollte

Mammut-
bäume im
Forstlichen
Arboretum

einen Aufstieg auf den Engelssteig in Angriff nehmen. Der Engelsberg gehört in Europa zu den am steilsten angelegten Weinberglagen. Für Besucher steht ein ausgeschilderter Wanderweg für den Aufstieg zur Verfügung. Wichtig ist das richtige Schuhwerk anzuziehen. Slipper und Sandalen sind hier fehl am Platz. Die steile Lage mit 50 Metern Höhenunterschied auf einer Länge von 450 Metern Weglänge erscheinen nicht viel, aber an sehr warmen Tagen kann der Engelsteig so manchen Wanderer dennoch aus der Puste bringen. Der Ausblick auf die Vogesen bis zur Hornisgrinde ist traumhaft schön. Hier ist zudem ein historischer Steillagenweinbau ganz aus der Nähe zu erleben. Nach dieser Tour schmeckt ein »Viertele« besonders lecker. Von Anfang November bis Ende März ist der Erlebnis-Wanderweg mit seinen Stationen für Besucher allerdings geschlossen.

Standort: 77830 Bühlertal-Untertal

KULTUR

78. Genieße Kunst im Skulpturenpark Grafenhausen.

Grafenhausen. Für Kunstliebhaber empfiehlt sich ein Besuch in dem ansprechend angelegten Skulpturengarten in Grafenhausen. Auf drei Hektar des südlichen Schwarzwaldes wurde hier ein Ort für zeitgenössische Kunst angelegt, immer geöffnet und rund um die Uhr frei zugänglich. Auf der einstigen Weidefläche sind neben den Skulpturen verschiedener Künstler ein Boule-Platz, eine Freilichtbühne und eine Pergola vorzufinden.

Der Eingang am Spiechergässle verfügt über einen Brunnen und einer Informationswand. Für den Ruhesuchenden ist ebenso Raum wie für den Aktiven. Der Park wird über geschwungene Wege beschritten, die über Holzstege und Serpentinen zwischen Wacholder und Kiefern entlangführen. Kinder sind ja oft nicht so leicht von Kunst zu begeistern. In Grafenhausen wurde jedoch in weiser Voraussicht für die kleineren Besucher geplant. Ein Spielplatz lädt die Kleinen zum ausgelassenen Toben und Klettern ein, während Eltern die Kunst, Ruhezonen und eine Wassertrettstelle genießen.

Standort: Spiechergässle 2, 79865 Grafenhausen • **Öffnungszeiten:** 24 Stunden tgl.

79. Entdecke den Kalibergbau.

LAND & LEUTE

Buggingen. Das Kalimuseum in Buggingen vermittelt seinen Besuchern allerlei Wissenswertes über die Geschichte des Kalibergbaus. Von der Gewinnung des Rohsalzes, über die Aufbereitung bis hin zum Versand, wird in dem Museum anhand von Exponaten und historischen Originalaufnahmen die Bergbauzeit nähergebracht. Die Anfänge bis hin zum Ende des Kalisalzbergwerks Buggingen werden in Video-Filmen erklärt. In einem Schaustollen, den ehemalige Kalikumpel 2001 erwarben, fachmännisch freilegten und weiter ausbauten, befinden sich originale Geräte und Bergwerksmaschinen aus der damaligen Zeit. Die Bauzeit betrug drei Jahre und zeigt an einem 110 Meter langen Streckennetz die Arbeitsbedingungen der Kalibergleute.

Neben den Grubengleisen, Signalanlagen und Grubenbeleuchtung, Stegkettenförderer, Schrapperhaspel und Bohrmaschinen erfährt und sieht der Besucher viel von der schweren Arbeit der Kumpels. Der Besuch in dem Museum ist eine sehr interessante Zeitreise in die Vergangenheit.

Standort: Alemannenring 4, 79426 Buggingen • **Öffnungszeiten:** jeden 1. Sonntag im Monat von 15 bis 17 Uhr • **Wie kommt man hin?** Buggingen liegt zwischen Bad Krozingen und Müllheim an der Bundestrasse 3 und ist über die Ausfahrten Hartheim/Heitersheim oder Müllheim/Neuenburg von der A5 zu erreichen.

Der Schaustollen im Kalimuseum

80. Bade nackt am Epplesee.

FREIZEIT

Rheinstetten. Beim Epplesee handelt es sich um einen Baggersee in Rheinstetten. Er befindet sich in einem Nationalpark. Den Besucher erwarten hier klares Wasser und eine Natur, die im gestressten Kopf sämtliche Schalter auf Entspannung umlegt. Der Strand ist in zwei nicht abgetrennte Bereiche aufgeteilt, für FKK-Anhänger und für Badende mit Textilien. Dank den guten Windverhältnissen kommen Segler und Surfen hier ebenfalls auf ihre Kosten, ebenso Taucher und

Sonnenuntergang am Epplesee

Schwimmer. Sonnenanbeter finden ausreichend Platz auf den großen Liegewiesen.

Standort: 76287 Rheinstetten • **Öffnungszeiten:** 24 Stunden tgl. • **Wie kommt man hin?** Anfahrt mit Rad und PKW ist von der Kreisstraße K 3581 zwischen Ettlingen und Rheinstetten, nahe bei Rheinstetten-Silberstreifen möglich. Mit der Bahn ist der Epplesee ebenfalls problemlos zu erreichen.

ABENTEUER

81. Fahre mit dem Longboard auf der Himmelreich-Strecke.

Kirchzarten. Wer ein Longboard besitzt, ist immer auf der Suche nach guten Strecken. Sie sollen bergab führen, einen glatten Streckenbelag aufweisen und verkehrsarm sein. Eine sehr schöne Strecke für Longboarder und natürlich auch Fahrradfahrer, befindet sich zwischen dem Ortsteil Himmelreich und Freiburg. Auf einer Strecke von 12 bis 15 Kilometern besteht ein ständig leichtes bis mittleres Gefälle, sodass bei der Fahrt fast gar nicht mit dem Fuß nachgeholfen werden muss. Die Strecke wird nie besonders abschüssig und ist bei Anfängern sehr beliebt und legendär. Immer wieder reihen sich aber auch Profis unter die Anfänger, um sich an der Natur vom Longboard aus zu erfreuen. Die Tour beginnt in Himmelreich direkt am Bahnhof und führt dann über den Radfahrweg der Höllenstraße nach Zarten und weiter auf dem Krüttweg zum Golfplatz in Kappel. Von dort geht es weiter in Richtung des Flusses Dreisam. Aber hier fahren dann aber meist auch mehr Fahrradfahrer auf der Strecke, die bis nach Freiburg führt. Mit dem Longboard dauert die Fahrt ca. eine Stunde.

Standort: Bahnstation Himmelreich, 79256 Kirchzarten • **Wie kommt man hin?** Am besten mit der Bahn ab Freiburg bis zur Bahnstation Himmelreich in Kirchzarten.

FREIZEIT

82. Besuche die abenteuerliche Wutachschlucht.

Wutach. Für Wanderer ist diese romantische Urlandschaft mit ihren überwältigenden Schluchten ein Paradies. Um es vollständig zu entdecken, sollte man allerdings ausreichend Kondition und gutes Schuhwerk mitbringen. an. Im Herzen des größten deutschen Naturparks, dem Naturpark Südschwarzwald, lässt sich dann zum Beispiel Deutschlands größter Canyon bestaunen. Seine Schluchten sind zwischen 60 und 170 Meter tief, immer wieder trifft man auf rauschende Wasserfälle und reißende Wildflüsse in zerklüfteten Tälern. Die Wutachschlucht erstreckt sich über 33 Flusskilometer vom östlichen Hochschwarzwald bis zu der Schwäbischen Alb.

Tipp: Raste am besten Platz der Wutachschlucht, direkt vor den Überresten des Räuberschlössle, den Ruinen von Stallegg. In 80 Metern Höhe genießt man einen grandiosen Ausblick auf einen der wildesten Abschnitte der Wutachschlucht. Hier befindet sich auch das älteste Drehstromkraftwerk »Flusskraftwerk Stallegg« Deutschlands. Es wurde bereits 1895 in Betrieb genommen und steht heute unter Denkmalschutz.

Standort: 79879 Wutach • **Öffnungszeiten:** 24 Stunden tgl. • **Wie kommt man hin?** Einige Wanderparkplätze bieten ideale Ausgangspunkte für eine Wanderung durch die Wutachschlucht: Auf dem Waldwander-Parkplatz Löffingen-Göschweiler befindet sich zum Beispiel zusätzlich ein Info-Zentrum. Bei der Wutachbrücke bei

Urwald in der Wutachschlucht

Kappel gibt es ebenfalls gute Einstiegsmöglichkeiten in die Wutachschlucht. Der Wanderparkplatz Löffingen-Bachheim bietet den Einstieg über die Dietfurt.

Sport

83. Entdecke den FlowTrailWutach mit dem Mountainbike.

Wutach. Die Gemeinde Wutach im Südschwarzwald nahe der Schweizer Grenze ist vielen Wanderern aufgrund der einmaligen Natur und der grandiosen Ausblicke bekannt. Dazu trägt auch die an den Ort angrenzende Wutachschlucht mit ihrem Wildwasser-Tal erheblich bei. Die Quellbäche des Flusses entstehen am Osthang des Feldberges und verwandeln das Gewässer in die wütende Ach, wofür der Name Wutach eigentlich steht. Besucher sind von den romantischen Schluchten und den urwüchsigen Wäldern stets aufs Neue beeindruckt. Doch nicht nur Wanderer kommen entlang der Wutach auf ihre Kosten. Auch Mountainbiker können auf einem eigens eingerichteten Trail ihr sportliches Hobby genießen. Der FlowTrailWutach führt auf 3 Kilometer Länge vom Ortsteil Ewattingen bis zum Einstieg in die Wutachschlucht an der Wutachmühle. Biker finden auf dem Singletrail attraktive Schwierigkeitsgrade für Einsteiger und Profis vor (Kicker, Drops, Northshore-Elemente). Für gut trainierte Biker gibt es in der Streckenführung immer wieder herausfordernde Steilpassagen. Weniger Geübte können diese auch umfahren und sich den angenehmeren Flowtrailpassagen widmen. Die Kombination aus atemberaubender Natur der Wutachschlucht und der Flowtrail-Strecke bedeutet für Freerider bis Hardtrailer ein besonderes Fahrvergnügen.

Standort: 79879 Wutach • **Öffnungszeiten:** 24 Stunden tgl. • **Wie kommt man hin?** Wer mit dem Auto anreist, findet auf dem zentralen Parkplatz der Wutachhalle neben dem Hallenschwimmbad ausreichend kostenlose Parkmöglichkeiten vor. Für Mountainbiker befindet sich von hier der Anfang der Flowtrail-Strecke in 1,3 Kilometer Entfernung. Eine weitere Parkmöglichkeit ist am Ende der Strecke, bei der Wutachmühle. Dieser ist jedoch an Wochenenden stark frequentiert und dann nicht empfehlenswert. Parken ist in Wutach übrigens generell kostenlos.

84. Entdecke die Schmetterlinge in der Wutachschlucht.

FREIZEIT

Wutach. Die Wutachschlucht ist nicht nur ein Paradies für Wanderer, sondern auch für Menschen, die gerne auf Fotosafari gehen. Die abwechslungsreiche Pflanzen- und Tierwelt hält hier zahlreiche spektakuläre Motive parat. Fällt Regen in der Wutachschlucht, gibt es oftmals den Feuersalamander zu sehen. Ein echtes Highlight sind die über 500 verschiedenen Schmetterlingsarten. Es ist ein traumhaftes Szenario, wenn sich die Schmetterlinge in Scharen in der Schlucht bewegen. Doch damit noch nicht genug: Über 1000 Käferarten und selbst die seltene Haarschnecke mit Härchen auf ihrem mobilen Haus sind hier zu finden. Begleitet wird der Ausflug in die

Wutachschlucht von ständigem Vogelgezwitscher. Über 80 verschiedene Vogelarten – darunter Berglaubsänger, Gartenbaumläufer, Misteldrossel, Wanderfalke oder Zaunkönig – sind hier heimisch. Und mit etwas Glück entdeckt man sogar einen schillernden Eisvogel.

Standort: 79879 Wutach • **Öffnungszeiten:** 24 Stunden • **Wie kommt man hin?** Ideale Wanderparkplätze sind der Wanderparkplatz Löffingen-Bachheim, der Waldwander-Parkplatz Löffingen-Reiselfingen und der Waldwander-Parkplatz Löffingen-Göschweiler.

FREIZEIT

85. Bewundere die Krokusblüte in Zavelstein.

Bad Teinach-Zavelstein. Mit den ersten kräftigen Sonnenstrahlen im Frühling zeigen sich nach und nach auch die Knospen der Krokusse (crocus neglectus) bei Zavelstein. Anfang März beginnt hier ein wahres Farbspektakel, denn vormals grüne Wiesen stellen nun eine sanft geformte Bühne für die blühwilligen Naturschönheiten dar. Violett und Weiß beherrschen plötzlich die Natur. Ein Spaziergang entlang der weiten Krokuswiesen bleibt unvergesslich. Beheimatet ist dieser Krokus ursprünglich im Mittelmeerraum, er fand jedoch bis heute auf ungeklärte Weise sogar den Weg bis nach Zavelstein. Um die Frage, wer den Krokus einst mitbrachte, ranken sich viele unterschiedliche Geschichten. Zavelstein selbst ist ein beschauliches Städtchen und hat noch mehr für einen Ausflug zu bieten. Da die Natur nicht jedes Jahr zur gleichen Zeit die Krokusblüte präsentiert, ist es anzuraten sich vorab Informationen zur Krokus-

Krokusse in Zavelstein

blüte einzuholen. Speziell für dieses Anliegen ist der aktuelle Stand der Krokusblüte unter dem Krokustelefon: 07053-92 05 045 zu erfahren.

Standort: 75385 Bad Teinach-Zavelstein

86. Sei bei der Wahl zur Wasserkönigin dabei.

LAND & LEUTE

Bad Teinach-Zavelstein. In Bad-Teinach-Zavelstein entspringen die Quellen des bekannten Teinacher Wassers und der Hirschquelle. Die Quellen sind 1000 Meter tief, das Wasser ist natürlich mineralisiert. Kein Wunder also, dass dieses gesunde Naturwunder eine jährlich neue amtierende Wasserkönigin zur Seite bekommt. Sie repräsentiert das Wasser aus Bad-Teinach-Zavelstein über zwölf Monate auf regionalen Veranstaltungen, wie zum Beispiel auf Festen und Ausstellungen. Wer zur Wasserkönigin gekrönt wird, entscheidet nicht der Zufall. Ein Moderator stellt den Anwärterinnen Fragen. Hier zeigt sich schnell über wie viel Wissen, Charme und Sympathie jede Kandidatin verfügt. Optisch versuchen die hübschen Frauen bei einer Modenschau von sich zu überzeugen.

Standort: 75385 Bad Teinach-Zavelstein • **Weitere Informationen:** www.teinachtal.de

FREIZEIT

87. Genieße das Feuerwerk beim Schäferlauf.

Wildberg. Alle zwei Jahre findet in Wildberg im Sommer der Schäferlauf statt, verbunden mit einer Kirmes. Einmalig schön ist immer der Abschluss von dem großen Fest: das Feuerwerk am Montag! Jedes Jahr werden Bevölkerung und Besucher durch ein wahres Spektakel am Himmel überrascht. Auf dem Festgelände ist ausreichend Platz vorhanden, um sich das Feuerwerk ansehen zu können. Montagnachmittag findet vor dem Brillant-Feuerwerk ein kunterbuntes Unterhaltungsprogramm statt. Schulen, Vereine und Kindergärten unterhalten große und kleine Gäste hervorragend. In der Klosteranlage lädt montags, zusätzlich zum traditionellen Handwerker- und Bauernmarkt, ein Krämermarkt zum Bummeln ein. Bei gutem Wetter empfiehlt sich das Mitbringen einer Decke. Ein Picknickkorb sollte auch nicht fehlen, Verkostung auf der Kirmes, Bierzelt und

Imbiss am Minigolfplatz sind zwar vorhanden, kosten aber. Für einen schönen Platz muss nicht schon Stunden vorher gekämpft werden, denn die Fläche für die Zuschauer ist wirklich groß. Probleme gibt es jedoch mit den Parkmöglichkeiten, hier ist Geduld gefragt. Wer später kommt, muss weiter außerhalb parken und einen Fußweg von einer halben Stunde einplanen.

Standort: 72218 Wildberg • **Weitere Informationen und Termine:** www.schaeferlauf-wildberg.de • **Wie kommt man hin?** Der Festplatz ist leicht zu finden. Er liegt direkt am Ortsausgang Richtung Nagold und ist nicht zu übersehen.

88. Wandere durch das abwechslungsreiche Nagoldtal.

FREIZEIT

Wildberg. Die Nagold ist ein kleiner Fluss, an dem es sich bei Wanderungen schön Rast machen lässt. Tische und Bänke stehen dafür immer wieder zur Verfügung. Wer gerne wandert und einen Weg von etwa 8 Kilometer nicht scheut, bekommt auf der sogenannten Augenblick-Runde im Nagoldtal eine Menge zu sehen. Gestartet wird die Runde am Wildberger Bahnhof. Durch den Ortskern hindurch führt der Weg zunächst auf den Wächtersberg. Der Anstieg dorthin ist etwas steil. Wie gut, dass man oben auf dem Berg bei einer Verschnaufpause neue Kräfte tanken kann. Am Himmel über dem Wächtersberg sind oft viele Segelflugzeuge zu beobachten, denn ganz in der Nähe befindet sich ein Segelflug-

Wilde Natur im Nagoldtal

Wie gemalt: Winterzauber in Schiltach

platz. Außerdem eröffnet sich ein traumhaft schöner Blick über das Nagoldtal, durch das die Wanderung anschließend führt. Zurück in Wildberg lohnt es sich noch die historische Schlossanlage anzusehen. Hier gibt es viele romantische Plätze, die Verliebte gern für die Zweisamkeit wählen.

Standort: 72218 Wildberg

89. Bewundere die Schiltacher Altstadt.

BESONDERE ORTE

Schiltach. Die Stadt Schiltach wartet mit einem der schönsten Stadtbilder im Schwarzwald auf. Liebevoll restaurierte Fachwerkhäuser prägen das stimmungsvolle Städtchen. Romantische Gassen laden zum Schlendern ein, ein Marktplatz mit einem alten Brunnen und das aus dem 16. Jahrhundert erbaute Rathaus bilden ein malerisches Zentrum. Auf dem Marktplatz finden seit hunderten von Jahren interessante Festlichkeiten und Märkte statt. Heinrich Schickhardt konzipierte diesen Platz im 16. Jahrhundert, nachdem ein Großbrand gewütet und ihn vollkommen zerstört hatte. Auf offenen Stadtführungen erfährt man mehr über die Geschichte der Stadt. Besonders stimmungsvoll ist Schiltach nach Sonnenuntergang, wenn die Häuser in warmes Laternenlicht getaucht werden. Dann herrscht hier eine unwirklich romantische Stimmung.

Standort: 77761 Schiltach

LAND & LEUTE

90. Tanze mit Teufel, Geist und Hexen.

Löffingen. Im Schwarzwald gibt es nicht nur faszinierende Landschaften und Sehenswürdigkeiten zu erkunden und besuchen. So manche traditionelle Feierlichkeit sollte ebenfalls nicht verpasst werden. Die Nacht der Hexen findet zum Beispiel immer in der Nacht vom 30. April auf den 1. Mai statt. Sie ist den meisten auch als Walpurgisnacht bekannt. Doch das ist nicht überall so, ein Ort im Schwarzwald geht hier seinen eigenen Regeln nach. Es handelt sich um die Löffinger

Die Walpurgisnacht in Löffingen

Walpurgisnacht. Diese findet nämlich immer am Fasnachtsmontag statt. Abends um 19:30 Uhr beginnt das schaurige Spektakel. Tanzende Hexen, loderndes Feuer, Donnergrollen und Blitze schaffen eine sehr gruselige und faszinierende Stimmung. Daher sollten sehr junge Kinder auf dieses Fest nicht unbedingt mitgenommen werden. Vorgetragene Texte in einer farbenprächtigen Kulisse sind aus diesem Teufel- und Hexentreffen nicht wegzudenken. Ein echtes Highlight ist das spektakuläre Feuerwerk zum Schluss. Für die richtige Stimmung sorgen die Stadtmusiker mit ihren Klängen.

Standort: Rathausbrunnen, 79843 Löffingen • **Weitere Informationen und Termine:** www.hochschwarzwald.de

91. Entdecke Mammutzähne in Löffingen.

FREIZEIT

Löffingen. Über der Wutachschlucht befindet sich der Ort Löffingen. Viele Wanderwege und ein historischer Stadtkern locken Besucher aus aller Welt hierher. Nicht nur Wanderer genießen hier die Naturvielfalt, sondern auch Wanderreiter, Radler, Motorradfahrer oder Nordic Walker nutzen die Angebote der Stadt und in der Umgebung. Auch der Winter macht einen Besuch von Löffingen interessant, denn der Premium Winterwanderweg führt über 4 Kilometer gebahnte Wege durch die Winterlandschaft. Die Routen sind sehr leicht zu begehen und eignen sich für die ganze Familie. Die meistens als Rundwanderweg angelegten Strecken werden geräumt, gewalzt und täglich überprüft. Wer es lieber gemütlich angehen will, bleibt in Löffingen und besucht zum Beispiel das Heimatmuseum, wo es Fossilien- und Mineralienfunde aus der Wutachschlucht zu besichtigen gibt. Selbst Mammutzähne, ein Alemannengrab, sowie Gewehre, Schwerter oder Helme aus dem Mittelalter geben Auskunft über längst vergangene Zeiten. Der Weg durch die Jahrhunderte zeigt auch typische Gebrauchsgegenstände und altertümliche Arbeitsgeräte der Landwirtschaft.

Standort: Rathausplatz 14, 79843 Löffingen • **Öffnungszeiten:** Mo-Fr 9 bis 12 Uhr, Mo/Di/Do/Fr 14-17 Uhr • **Weitere Informationen:** www.loeffingen.de

LAND & LEUTE

92. Genieße das alte Brauchtum des Scheibenschlagens.

Haslach-Schellingen. Die Liebe zu alten Brauchtümern lässt sich im Schwarzwald an vielen Orten erleben. Vor allem um die Faschingszeit werden viele alte Rituale von den Bürgern gepflegt. Ein sehr uriger Brauch ist zum Beispiel das Scheibenschlagen in Haslach-Schnellingen. Wer das Spektakel einmal miterleben möchte, sollte sich am 4. Fastensonntag oder am Sonntag nach der Fasnacht Zeit nehmen, und Haslach-Schnellingen einen Besuch abzustatten. Zu sehen bekommen Gäste dabei unter anderem glühende Holzscheiben, die auf den Hängen ihren Weg ins Tal finden. Mit dieser Feierlichkeit wird traditionell der Winter verabschiedet. Der Brauch wurde bereits vor Jahrhunderten von zahlreichen

Gemeinden verboten. Der Schnellinger Bürgermeister im schönen Kinzigtal wollte jedoch nicht auf dieses alte Schwarzwälder Brauchtum verzichten, sodass seit 1980 das Scheibenschlagen wieder fest zum jährlichen Dorfkalender gehört.

Standort: 77716 Haslach

BESONDERE ORTE

93. Verwöhne alle Sinne in Sasbachwalden.

Sasbachwalden. Das bezaubernde Blumen- und Weindorf liegt an einem wirklich schönen Fleckchen Erde. Dieser Ort punktet ganz klar mit einer faszinierenden Panoramalage. Der Blick von hier oben reicht bis zum idyllischen Rheintal. Bei insgesamt drei Wettbewerben wurde das schöne Örtchen bereits mit der Goldmedaille als Bundessieger ausgezeichnet. Die Reblandschaft liegt im Naturpark Schwarzwald Mitte/Nord und ist ein idealer Ausgangspunkt für Wanderungen und Radtouren. Baden-Baden, Freiburg und Straßburg sind von hier aus relativ schnell anzufahren. Immer wieder finden Sommerfeste, Winzerfeste und viele weitere Veranstaltungen statt. In der Region locken viele Sehenswürdigkeiten, wie zum Beispiel die Burgruine Brigittenschloss und die Gaishöll-Wasserfälle.

Standort: 77887 Sasbachwalden • **Weitere Informationen:** www.sasbachwalden.de

BESONDERE ORTE

94. Besuche die Kulisse der Schwarzwaldklinik.

Glottertal. Lediglich 13 Kilometer von Freiburg entfernt liegt das schöne Glottertal, eingebettet in Weinreben, Wäldern und Wiesen. Zwei der atemberaubendsten Schwarzwald-Panoramastraßen führen an dem Tal am Westrand des Schwarzwaldes vorbei: die badische Weinstraße und die Schwarzwald-Panoramastraße. Weltweit bekannt wurde das Glottertal durch die TV-Serie »Die Schwarzwaldklinik«. Hier vor dem Carlsbau, der tatsächlich noch heute als Klinik genutzt wird, fanden

Zurück in die TV-Vergangenheit: die Schwarzwaldklinik

die Außenaufnahmen der legendären Serie statt. Das auf ca. 1000 Höhenmetern liegende Gemeindegebiet ist ein echter Besuchermagnet. Wer eine idyllische und romantische Region im Schwarzwald sucht, vielleicht für einen Heiratsantrag oder eine Hochzeitsreise, wird hier den perfekten Ort finden.

Standort: 79286 Glottertal • **Weitere Informationen:** www.glottertal.de

BESONDERE ORTE

95. Fühle dich wie Dornröschen in Nöggenschwiel.

Weilheim-Nöggenschwiel. Wer sich einmal wie Dornröschen fühlen möchte, wird sich wie alle Rosenliebhaber in Nöggenschwiel mehr als nur wohl fühlen. Das romantische Dorf im Schwarzwald gilt als das am höchsten liegende Rosendorf im Schwarzwald. Die Rosensaison beginnt bereits Ende Mai oder Anfang Juni. Die Natur entscheidet anhand der Wetterlage selbst, wann genau der Rosenrausch beginnen darf. Bis in den Herbst hinein öffnen dann die schönsten Rosen unermüdlich ihre Knospen. Sehr zu empfehlen ist der Juli für einen Besuch. Es ist ein wahrer Sinnesrausch, wenn Besucher sich von über 20.000 Rosenstöcke in ihren Bann ziehen lassen.

Standort: 79809 Weilheim - Nöggenschwiel • **Weitere Informationen:** www.rosendorf.de

Kommt dieses Jahr ein Storch vorbei?

96. Statte dem Storchenturm einen Besuch ab.

BESONDERE ORTE

Waldshut-Tiengen. Ein Abstecher nach Waldshut-Tiengen lohnt nicht nur wegen der traumhaften Lage, sondern auch durch viele interessante Sehenswürdigkeiten. Eine davon ist der Storchenturm in Tiengen. Erbaut wurde er mit der Funktion eines Eckpfeilers, als Teil der damaligen Stadtbefestigung. Er wurde einst auch als Gefängnis für Langfinger genutzt, daher erhielt der Storchenturm damals auch die Bezeichnung Diebesturm. Im Jahre 1899 wurde dem Turm eine Haube aufgesetzt. Dieser Haube ist der Name Storchenturm zu verdanken, denn sie erwies sich als ideal zum Nestbau für Störche. Heute hofft man Jahr für Jahr, dass der angebrachte Ring nicht nur an damals erinnert, sondern ein verliebtes Storchenpaar zum Bau eines neuen Nests animiert.

Standort: Ringmauergasse, 79761Waldshut-Tiengen

97. Lerne, wie man Holzkohle macht.

LAND & LEUTE

Dachsberg-Wolpadingen. Wolpadingen mit seinen Ortsteilen Hierholz, Fröhnd, Finsterlingen und Ennersbach hat nur 300 Einwohner. Hier gibt es wie fast überall im Schwarzwald auf Wanderwegen viel Natur zu sehen. Einer dieser Wege führt auch am Waldsportplatz in Wolpadingen vorbei, wo jährlich Ende Juli bis Anfang August die Kohlenmeilertage stattfinden. Bei diesem gelebten Brauchtum, welches seit 1996 wieder aufgenommen wurde, kann sich jeder ein Bild davon machen, wie Holzkohle früher in einer Köhlerei hergestellt wurde. Dazu wird eigens ein Kohlemeiler auf dem Sportplatz aufgebaut. Vom frischen geschlagenen Buchenholz bis zur fertigen Holzkohle, erlebt der Besucher die Herstellung allen Schritten und erhält viel Informationen dazu, zum Beispiel das Holzkohle nicht nur für Feuerstellen genutzt wird, sondern das Holzkohle als sehr altes Naturheilmittel auch in der Medizin eingesetzt wird.

Tipp: Wer Wolpadingen besucht, darf den Aussichtspunkt bei Wolpadingen auf dem Bühl auf keinen Fall auslassen. Eine grandiose Aussicht auf die Alpen ist die Belohnung für den Aufstieg. Der Aussichtspunkt befindet sich oberhalb des Wasserreservoirs, nahe dem Waldsportplatz, und ist ausgeschildert.

Standort: Waldsportplatz Wolpadingen, 79875 Dachsberg-Wolpadingen • **Weitere Informationen:** www.dachsberg.de

BESONDERE ORTE

98. Erklimme die Felsenburg der Günterfelsen.

Furtwangen. Was aussieht wie eine Gruppe an Findlingen, die während der Eiszeit in den Schwarzwald gebracht wurden, ist in Wirklichkeit eine Ansammlung aus Granitfelsen, die durch Erosion und Entwässerung

Natürliche Felsenburg: die Günterfelsen

zuerst freigelegt und dann nach und nach in viele Einzelteile zersprengt wurden. Die moosbewachsenen Felsen sind nicht nur schön anzusehen, sondern laden auch zum Klettern ein. Doch Vorsicht: Sind die Steine oder das Moos nass, verliert man schnell den halt. Immer wieder gibt es an den Günterfelsen Unfälle, bei denen leichtsinnige Kletterer ihr Können eindeutig überschätzt haben.

Standort: 78120 Furtwangen im Schwarzwald • **Öffnungszeiten:** 24 Stunden tgl. • **Wie kommt man hin?** Die Günterfelsen befinden sich wenige Wegminuten zwischen St. Martinskapelle Furtwangen und dem Aussichtsturm Brend. Von der Martinskapelle ist es gut 1 Kilometer zu laufen, vom Aussichtsturm Brend nur etwa 200 Meter mehr.

Der Indian Summer im Schwarzwald

FREIZEIT

99. Erlebe den Indian Summer im Schwarzwald.

Eigentlich ist der Indian Summer ja in Nordamerika zuhause. Wenn es dort im Herbst noch einmal richtig warm wird, sorgt die Witterung für eine besonders intensive Verfärbung von Laub- und Mischwäldern. Dieses Phänomen ist jedoch nicht nur in Übersee zu bestaunen, sondern auch im Schwarzwald. Etwa um die Burg Windeck herum, am Mehliskopf oder am Marien-Wallfahrtsort Moosbrunn. Auch hier beginnen irgendwann im Herbst die Blätter der Bäume in den unterschiedlichsten Farben zu erstrahlen: in sattem Orange, leuchtendem Gelb, intensivem Rot oder zahlreichen Brauntönen. Genießen lässt sich Farbenpracht entweder auf ausgedehnten Spaziergängen oder bei einem Picknick.

LAND & LEUTE

100. Mach mit beim Narrensprung in Rottweil.

Rottweil. Fasching im Schwarzwald lässt sich in Rottweil sehr ausgelassen feiern. Besonders sehenswert ist der Rottweiler Narrensprung. Er findet am Rosenmontag sowie dem folgenden Faschingsdienstag statt. Von 8 bis 14 Uhr stehen die Narren regelrecht Kopf. Die 5. Jahreszeit wird in Rottweil mit ca. 6000 aktiven Narren

Beim Narrensprung in Rottweil

nach dem schwäbisch-alemannischem Brauch gefeiert. Auf den stattfindenden Umzügen dürfen Zuschauer nicht ängstlich sein, denn die Hexen und Teufel gehen hier nicht gerade zimperlich mit Anwesenden um. Über mehrere Stunden hinweg, lassen die Narren durch die Stadtkapelle in historischer Tracht ihr wildes Treiben unterstützen. Aktiv dabei sein dürfen jedoch nur waschechte Rottweiler oder Bürger, die schon mindestens zehn Jahre in Rottweil leben. Das ist auch die Voraussetzung zum Tragen der Narrenkleidung an »Fasnet«. Die Auflagen für den Rottweiler Narren betreffen die Kleidung noch in einem anderen Punkt. Es wird genau überprüft, ob bei der Narrenkleidung alle historischen Auflagen erfüllt sind. Der Umzug findet über einige Stunden statt und führt durch die historische Altstadt bis zum Friedrichsplatz.

Standort: 78628 Rottweil • **Weitere Informationen und Termine:** www.rottweil.de

BESONDERE ORTE

101. Staune über den thyssenkrupp-Testturm.

Rottweil. Normalerweise sehen Industriebauten langweilig aus. Beim thyssenkrupp-Testturm in Rottweil ist das ganz anders. Der 246 Meter hohe Turm, der als Testturm für Fahrstühle genutzt wird, hat bereits mehrere Designpreise gewonnen. Doch der Turm im Look einer Bohrspindel sieht nicht nur schick aus, sondern verbirgt unter der Haube auch jede Menge Hightech. So kann der Turm Erdbeben und Stürme simulieren, um zu testen, wie sich Aufzüge unter diesen extremen Bedin-